KB113702

박상미의 가족 상담소

모르면 오해하기 쉽고, 알면 사랑하기 쉽다

모르면 오해하기 쉽고, 알면 사랑하기 쉽다

박상미의
가족 상담소

특별한서재

박 상 미 의   가 족   상 담 소

가족 상담실 문을 열며……

가족이란 치열하게 싸우고

눈물 나도록 후회하는 관계,

더 사랑하기 위해서

밤새 괴로워하는 관계가 아닐까요?

미워도 끝끝내 사랑할 수밖에 없는 우리들.

모르면 오해하기 쉽고,

알면 사랑하기 쉽습니다.

우리 이제, 가족을 공부합시다.

PART 2

가족, 치유가 필요하다

PART 5
혼자 우는 아빠들을 위하여

모르면 오해하기 쉽고, 알면 사랑하기 쉽습니다.

PART 1

사랑하지만
가장 상처 주는 관계,
가족

자식은
타인이다

잘 키우고 싶었을 뿐인데…… 부모는 억울합니다

더 사랑하고 행복하게 잘 지내기 위해서 우리는 가족의 아픔을 치유하는 일에 적극적이어야 합니다. 내 마음을 몰라주는 자식 때문에 마음이 아프다고 상담실을 찾아오는 분들이 많습니다. 그분들이 저에게 가장 많이 하는 말이 뭔지 아세요?

"너무 섭섭해요."

"인생이 허무해요."

"너무 억울해요."

"정말 후회돼요."

이런 말들입니다. 나는 자녀에게 사랑을 주려고 애썼고 많이 희생하고 헌신했는데 내 자식들은 그걸 몰라줘서 섭섭하다는 것이지요. 30대의 젊은 부모부터 고령의 부모님들까지 이 말을 똑같이 하십니다.

제가 만난 모든 부모는 자식을 잘 키우고 싶어 했습니다. 그런데 부모의 헌신을 모두 알아주는 자식들은 드물지요. 그래서 잘 키우고 싶던 부모는 왠지 억울합니다.

저는 부모님들을 상담할 때 이 질문을 합니다.

"자식은 나인가요? 타인인가요?"

많은 부모님이 "타인이지요"라고 말은 하지만 눈빛엔 섭섭함이 가득합니다. 자식이 최상급의 내 모습이기를 원하는 게 한국 부모님들의 특징인 것 같습니다. 내가 꿈꾸던 완벽한 사람 하나를 만들고 싶은 마음은 부모의 환상입니다. 부모는 포기하기 어렵고, 자식은 부담스럽기만 합니다.

내 맘대로 안 되는 내 자식 이야기

자식은 완벽한 타인입니다. 우리는 여기서 출발해야 합니다. "자녀에게 상처받지 않으려면 명심해야 합니다. 나의 결핍을 자식으로 채우고 싶은 마음은 누구에게나 있지만 버려야 할 마음입니다. 우리는 부모에게 받고 싶은데 못 받았던 것들이 있습니다.

그래서 부모가 되면 그것들을 자녀에게 해주려고 노력합니다. 나의 결핍을 자녀에게 보상해주며 만족을 느끼는 거죠. 그런데 왜 자녀들은 부모 마음을 모르는 걸까요? 내가 낳았지만 타인이기 때문입니다. 자식의 마음은 내가 낳지 않았어요.

자녀가 나의 노력과 희생을 몰라주는 것 같아서 인생이 허무하다고 느끼십니까? 그건 바로 자식은 나, 자식은 나의 분신이라고 생각했기 때문입니다. 이제부터 자식은 완벽한 타인이며 존재 자체로 내가 인정하고 존중해야 하는 대상으로 바라보는 연습부터 시작해보세요.

나의 결핍을 자식으로 채울 수 있을까요? 없습니다. 자식은 내 인생의 성적표가 아닙니다. '부모의 희생'을 '부모의 사랑'이라고 오해하면 안 됩니다. 자식이 원하는 사랑을 주고, 내 인생의 행복을 해치지 않는 범위 안에서 희생하며, 대가를 바라지 않는 자유로운 마음으로 충만해야 '행복한 부모'가 될 수 있습니다. 이제부터 '내 자녀와 어떻게 잘 지낼 수 있을까? 자녀와 어떻게 소통해야 나와 자녀 모두 행복해질 수 있을까?' 고민하며 지혜롭게 사랑하는 법을 배워야 합니다.

내 마음, 말하지 않으면 아무도 몰라요

"말 안 해도 자식이 내 마음을 알아주면 좋겠어요"라고 말하는 부모님들이 많습니다. 이건 환상입니다.

부모들은 말합니다.

"꼭 말로 해야 내 마음을 알아주나요?"

"말 안 해도 알아줘야 하는 것 아닌가요?"

말이 안 통한다는 건, 바로 감정이 안 통한다는 것입니다. 내 자녀가 내 감정을 몰라줄 때 자녀와 말이 안 통한다고 호소를 하십니다.

"말 안 해도 감정을 알아주면 좋겠어요."

세상에 말 안 해도 내 감정을 알아주는 사람은 없습니다. 말해야 압니다. 내 감정을 솔직하고 친절하게 표현하는 용기를 내야 해요.

자녀에게 내 감정을 솔직하게 고백하는 걸 부끄럽게 생각하시는 분들이 많습니다. 내가 자랄 때 우리 부모님이 어떤 생각을 하시는지, 어떤 감정을 갖고 있는지 나에게 친절하게 설명해주신 경험이 없기 때문에 나 또한 자녀에게 그렇게 해서는 안 된다고 생각하는 것이지요.

속상한 내 마음을 자녀에게 추상적으로 말하면 자녀들은 어떻게 해석할까요? 자식들은 "아, 우리 부모님 또 섭섭하신가 보네.

또 불만을 말씀하시네." 이렇게 오해할 수 있습니다. 내 자녀에게 상처받지 않고 소통을 잘하고 싶다면 이제부터 진심으로 원하는 걸 말해보세요. 솔직하게 고백해도 됩니다. 자녀가 초등학교를 졸업하고 중학생, 고등학생만 돼도 나와 좋은 친구가 될 수 있습니다. 물론, 연습이 필요합니다.

이렇게 한번 말해보는 용기를 내보세요.

"나, 너랑 친하게 잘 지내고 싶어."

"나는 너에게 내 마음을 이해받고 싶어."

"나도 너한테 사랑받고 싶어."

"있잖아, 요즘 엄마 좀 외로워."

"있잖아, 아빠도 가끔은 울고 싶어."

이런 말을 자녀에게 해본 적 있으신가요?

제가 청소년들과 20대, 30대들을 교육할 때, "내 부모님이 나에게 이렇게 말하면 기분이 어떻겠어요?"라고 100회 이상 똑같은 질문을 해보았습니다.

"들어본 적이 없어서 낯선데요."

"눈물이 나요."

이런 대답이 가장 많았습니다. 왜 자녀들은 "내 부모님이 이렇게 말하면 눈물이 날 것 같아요"라고 답했을까요?

우리는 내 자녀가 나를 싫어하는 것 같다, 무시한다, 대화하기를 꺼린다고 오해하는 경우가 많습니다. 그렇지 않아요. 대화가 잘 안 될 뿐이지, 내 자녀들도 나를 사랑하고 있습니다.

소통하는 방법을 몰라서 부딪히기만 하면 서로에게 상처 주는 말을 주고받는 가족이 많습니다. 서로 사랑하는데도 불구하고, 서로가 서로를 싫어한다고 오해하는 가족을 저는 참 많이 만났습니다.

내가 부모에게 들어보지 못했던 말은 내 자식에게 하기가 참 어렵습니다. 그래도 내가 원하는 걸 용기 내어서 먼저 한번 고백해보십시오.

기적이 일어나기 시작할 겁니다. 내 감정을 구체적으로 표현할 때 갈등이 해소될 수 있습니다.

사랑이라는 단어 없이 사랑을 말하는 법

내 가족에게 '사랑해'라는 말, 자주 하시나요? 하는 사람도, 듣는 사람도 어색해서 마음속에 묵혀두고 있진 않나요? 괜찮아요. 진짜 사랑은 다른 단어에 들어 있어요.

"미안하다", "고맙다"라는 말 속에 진심의 사랑이 들어 있습니다.

내 부모가 나에게 진심으로 "미안해", "고마워"라고 말했을 때 "뜨거운 사랑을 느꼈어요", "눈물이 났어요"라고 말하는 자녀들이 많았습니다.

저희 가족의 이야기를 좀 들려 드릴게요.

저희 외할머니는 90세에 돌아가시기 직전에 평생 처음이자 마지막으로 70세의 딸에게 편지 한 통을 써주셨어요.

이 편지는 '숙아'로 시작합니다. 이 시기에 저희 외할머니는 정신이 맑지 않을 때였어요. 조금 맑은 정신이 돌아왔을 때 할머니가 아홉 번, 열 번 도전해서 마지막으로 완성해낸 편지 한 장은 깨알 같은 글씨가 빼곡했습니다. 이 편지를 읽은 70세의 딸은 통곡합니다.

제가 "엄마, 할머니가 뭐라고 썼어요?"라고 묻자 저희 엄마가 울면서 말씀하셨어요.

"할머니가, 할머니가 엄마를 사랑한대."

저는 이 편지에서 "사랑한다"는 단어를 찾기 위해서 10번, 11번 읽었어요. 이 편지에 사랑이란 단어는 단 한 번도 등장하지 않았습니다. 이 편지에는 "미안하다"라는 단어밖에 없었습니다.

'숙아, 내가 너를 6.25 때 낳고……. 고생만 시켰다. 잘 키우려고, 잘 키우려고 칭찬 한 번 하지 않고 야단만 친 거 미안하다. 엄마가 너무 부족해서 그게 잘 키우는 것인 줄 알고 몰라서 그랬다. 미안하다, 미안하다, 용서를 빈다.'

'엄마가 죽어도 너는 잘 살아라.'

이 편지엔 사랑이란 단어가 단 한 번도 나오지 않았지만 딸이 엄마의 마음을 해석해낼 수 있었던 건 진심의 사과가 부모의 사랑을 해석할 수 있는 눈을 뜨게 했기 때문이었죠.

이 편지를 받아본 저희 엄마, 권영숙 씨는 갑자기 다정한 엄마로 변하기 시작합니다. 저한테 손 편지를 쓰기 시작하고, 하트 스티커를 붙이기도 합니다.

"엄마, 이 스티커는 어디에서 샀어요?"라고 물으니 "너 기분 좋으라고 문방구에 가서 샀지." 이렇게 말씀을 하시는 거예요.

편지엔 이렇게 쓰여 있습니다.

> 딸에게 써보는 편지.
>
> 내 막내딸, 매일 집에서 보는데 편지를 쓴다는 게 좀 어색하지만 들어봐. 너는 나에게 와준 세 번째 선물이었지. 한 살 위인 네 오빠를 키우느라 정신없어 너는 조용하게 안아주지도 업어주지도 못하고 키운 것 같아 미안하구나…….

이 편지는 세 장에 걸쳐서 쓰여졌는데, 끝까지 사랑한다는 단어는 한 번도 나오지 않습니다. 그런데 "미안하다", "잘 커줘서 고맙다"라는 단어는 계속 반복되고 있었습니다. 부모에게 미안하다는 사과를 받아본 딸은 마침내 자기 딸에게 "미안하다", "고맙다"를 고백할 줄 아는 사람으로 변하기 시작했습니다.

저는 삼 남매 중 막내인데요, "둘만 낳고 낳지 않으려고 했는데 어쩔 수 없이 낳았어"라는 엄마의 농담을 듣고 자랐어요. 저는 "나는 세상에 잘못 태어난 아이야", "나는 사랑받지 못한 아이야"라고 오랜 시간 동안 엄마의 사랑을 오해하면서 살았습니다.

그런데 이 편지를 받고 나서야 "엄마가 나를 정말로 사랑하는구나" 뒤늦게 깨달을 수 있었습니다.

내 자녀를 사랑하는데 자녀가 내 마음을 몰라주나요? 그래서 마음이 아프고 섭섭한가요? 그러면 오늘 자녀에게 편지를 한번 써보세요.

"미안하다", "고맙다"라는 단어를 써놓고 떠올려보세요. 반드시 미안하고 고마운 일이 있을 겁니다.

부모의 "미안하다", "고맙다"라는 고백을 받아본 자녀들은 뜨거운 눈물을 흘렸습니다. "제가 더 미안해요", "저도 고마워요", "사랑해요"라고 말할 준비가 되어 있었어요. 용기를 한번 내보세요. 자녀로부터 받은 상처가 많다면 이제 우리는 멀어질 때가 아니라 대화해야 할 시간이 다가온 것입니다.

내 감정을 솔직히 고백하고 마음을 표현해보세요. 자녀들이 "엄마, 아빠, 그동안 두 분의 마음을 너무 몰라서 죄송해요. 저희도 부모님을 사랑한다는 걸 알아주세요"라고 고백할 것입니다. 모르면 오해하기 쉽고, 알면 사랑하기 쉽습니다.

02 부모로부터 받은 상처 돌보기

가족은 태어나서 가장 먼저 경험하는 사회입니다. 가족 안에서 필요한 것을 얻지 못하면 살면서 평생 그 영향을 받게 됩니다. 가족은 부모의 역사와 감정적 유산을 공유하는 집단입니다.

그래서 가족 트라우마는 여러 방식으로 세대에 걸쳐서 대물림됩니다.

상담실에서 가족들을 만나 보면, 누구도 원치 않지만 치유되지 않은 부모의 상처는 자녀에게 대물림되고 있었습니다.

"나는 부모님으로부터 받은 상처가 너무 커서 지금도 괴로워요" 라고 말하는 성인들이 자기 자녀를 키울 때 자신도 모르게 부모에게 받은 상처를 대물림하고 있는 현장을 많이 만나게 됩니다.

지금부터 상담실의 사연들이 내 이야기는 아닌가, 나를 상담실

의자에 앉혀놓고 생각해보는 시간이면 좋겠습니다. 가족이 힘든 당신을 위한 상담실, 자식의 상처부터 들어보겠습니다.

아물지 않은 상처는 대물림됩니다

어렸을 때 부모님께 받은 상처가 너무 커요. 저는 결혼해서 자식을 낳으면 우리 부모님께 못 받은 것을 다 해주고 싶었어요. 그런데 자식이 클수록, 갈등이 생길수록 내가 부모에게서 들었던 말과 행동을 자식에게 하고 있다는 걸 발견하고 깜짝 놀랄 때가 있습니다. 그럴수록 내 자신이 밉고 내 부모가 더 원망스럽습니다.

또 이런 고백을 하는 사람들도 있습니다.

나 키울 때 별로 해준 것도 없으면서 지금은 효도를 바라는 부모님이 너무 미워요. 큰마음 먹고 내가 받은 상처를 말해봤는데 우리 부모님은 기억조차 못하시더라고요.

자랄 때 부모님의 사랑과 지지를 못 받은 탓일까요? 저는 자존감이 너무 낮아요. 우리 아이가 저를 닮은 것 같고, 제가 싫어하는 제 모습을 아이에게서 발견할 때마다 자꾸 아이에게 화를 내게 됩니다.

부모의 지지와 격려, 따뜻한 사랑을 받지 못한 경험 때문에 자존감이 낮고 불안감에 시달리는 어른들이 많습니다. 가슴 깊이 묻어둔 가족에게 받은 상처는 곪고 덧나서 치유하기가 쉽지 않습니다. 그렇다고 계속 묵혀두면 감정과 관련된 뇌의 구조에 변화가 일어납니다. 관계 맺기에 소극적인 사람, 상처 잘 받는 사람이 되기 십상입니다. 이것이 평생의 성격으로 굳어지면 대인관계에 문제가 생깁니다.

사랑받지 못한 사람들, 그리고 공감과 위로를 받지 못한 사람들은 관계를 맺을 때 두려움과 공포가 커져서 조금만 나의 상처를 자극하는 상황이 발생하면 먼저 이별을 택하고 관계를 끊는 쪽을 택하는 경우가 많아요. 결국에는 평생 외로운 삶을 사는 경우도 있어요.

어릴 때 받은 교육과 부모와의 관계는 내 성격과 자존감의 근원이 됩니다. 인간관계에서 상처를 잘 받는 사람들이 있습니다. 문제의 핵심, 그 뿌리를 찾아보면 가족으로 돌아가게 됩니다.

가족의 믿음 속에서 자랐나요?

가족의 사랑을 많이 받았나요?

내 부모님은 나를 인정해주는 사람이었나요?

내 부모님이 나의 인생에 롤 모델이 될 만한 사람이었나요?

"맞아요"라고 답하는 사람도 있겠지만 "그렇지 못했어요"라고 말하는 사람들이 사실은 훨씬 많습니다. 다들 밖에 나와서 말을 안 할 뿐이지 가족에게 받은 상처, 부모에게 받은 상처는 누구에게나 있더라고요.

사랑받고 싶은 욕구, 안전에 대한 욕구는 모든 사람에게 있습니다. 어린 시절에 가정에서 이 욕구가 좌절되면 트라우마가 생기고 평생을 갑니다.

후성 유전학을 연구하는 사람들이 늘 하는 말이 있습니다. 주변에서 일어나는 모든 일은 유전자에 기록된다는 것입니다. 부모로부터 받은 상처로 인해 부모에 대한 두려움이 생긴 사람들, 그리고 부모에게 거절당한 슬픔이 있는 사람들…… 어른이 되어도 이 아픈 마음은 자연스레 없어지는 것이 아니라 내 유전자가 다 기억하고 있다는 것이지요. 치유되지 않은 트라우마는 양육 방식을 통해서 내 자녀에게도 전이된다는 걸 알고 계십니까?

내담자들이 저에게 물어봅니다.

"가족과 떨어져 살면, 결혼해서 분가하면 부모로부터 받은 상처가 잊힐까요?"

"부모로부터 받은 상처를 자녀에게 물려주고 싶지 않았는데, 제가 자꾸 저희 엄마를 닮아가고 있어요. 왜 이런 걸까요?"

상처를 묵혀두면 자연 치유되는 것이 아니라 썩은 우유가 됩니다. 사람들은 가족으로부터 입은 마음의 상처는 숨기고 살고 싶어 합니다. 그러나 우리의 감정은 우유와 같습니다. 숨기고 싶은 묵은 감정, 상처들, 이 우유를 장롱 속 깊이 숨겨 놓았다고 한

번 생각해보십시오.

우유는 그냥 그대로 숨어 있을까요? 아니요. 상하고 썩기 시작할 겁니다. 어느 날 그 썩은 우유는 빵빵하게 부풀어 올라서 터져버리고 맙니다. 그리고 악취를 풍기며 주변을 오염시키지요. 그래서 우리는 어린 시절에 받은 상처일수록 잘 치유하면서 살아야합니다. 묵혀두면 치유되지 않고 썩을 뿐이라는 것을 기억해야합니다.

어린 시절에 부모로부터 거부당한 경험이 많은 사람들은 의심하는 성향이 강한 어른으로 자랄 가능성이 높습니다. 건강한 관계를 맺기 어렵죠. 타인이 나에게 주는 이 사랑, 배려, 존중이 과연 진짜일까? 금방 변하지 않을까? 내 부모님도 나를 거부하고 비난하며 멸시했는데, 타인을 믿을 수 있을까? 의심하는 마음이 드는 거죠.

상처가 많은 사람은 허전한 마음을 채우고 싶어서 계속 애정을 확인하고 싶어 합니다. 왜냐하면 불안하기 때문이에요. 두렵기 때문입니다. 나의 결핍을 채워줄 수 있는 사람이 세상에 있을까요? 사실 없습니다.

애정 결핍이 있는 사람일수록 계속 애정을 갈망하고 내 결핍을 채워줄 사람을 찾아 나서게 됩니다. 결핍은 타인을 통해 채우기 어려워요. 때문에 실망하고 상처받는 일이 더 많죠. 어린 시절에 가족으로부터 받은 상처가 깊다면, 직면하고 치유하는 시간을 가져야 해요.

이제는 내가 나를 키울 차례

세상에 완벽한 부모는 없습니다. 좀 더 나은 부모와 미성숙한 부모가 있을 뿐이지요. 누구나 처음 부모가 되었기 때문에 실수할 수 있습니다. 저도 어릴 때 엄마에게 상처를 받은 기억이 있습니다.

저는 수학을 아주 못했어요. 초등학교 4학년 때 너무나 형편없는 수학 시험지를 들고 와서 엄마한테 도장을 좀 찍어달라고 얘기했어요. 그런데 엄마가 가슴을 탕탕 치면서 말했어요.

"내가 낳은 자식인데 어쩌면 이렇게 공부를 못할 수가 있어? 난 네가 이해가 안 된다. 내가 널 어떻게 키웠는데."

그날 실망하는 엄마의 표정, 좌절하는 엄마의 표정이 지금도 잊히지 않고 머릿속에 남아 있습니다. 그리고 제가 세상에서 제일 멍청하고 부족한 아이라는 느낌이 들어서 자존감이 낮아졌던 경험이 있습니다.

얼마 전에 용기 내서 저희 엄마한테 그 얘기를 꺼냈어요.

"엄마, 기억나? 엄마가 나 4학년 때 그렇게 말하는 바람에 나는 수학 공포증이 생겼어. 자존감이 굉장히 낮아졌던 기억이 나"라고 했더니 엄마가 깜짝 놀라시더라고요.

"내가 언제 그랬니?"

기억이 안 난다는 겁니다. 엄마는 기억조차 나지 않는데, 그날의 엄마 말 한마디와 표정이 제 인생에 큰 영향을 미친 거예요.

"그땐 엄마도 어렸어. 서른일곱 살짜리가 일하면서 삼 남매를 키우려니 매일 힘들었다. 그때의 나보다 지금의 네가 나이가 더 많잖니. 네가 나를 좀 용서해라. 엄마는 기억조차 안 나지만 지금이라도 사과할게."

엄마의 사과를 받고 나니 좀 더 빨리 내 마음을 말하고 사과를 받았더라면 내 삶이 편했을 텐데, 후회가 되었어요.

"나에게 상처 준 부모를 용서해야 하나요?"라고 저에게 화난 얼굴로 묻는 사람들이 있습니다. 그럼 저는 이렇게 답해요.

너무 용서하려고 애쓰지 마세요. 용서하지 않아도 됩니다. 그런데 이렇게 한번 생각해보는 건 어떨까요? 미성숙한 한 인간을 용서한다고 생각해보는 겁니다. 나에게 무조건적인 사랑을 줘야 하는 내 부모를 용서하지 못해서 괴로워하는 쪽을 택하지 말고 미성숙한 인간을, 실수하는 인간을 용서하고 나의 행복을 선택하자고 생각해보는 겁니다.

누구를 위해서일까요?

나를 위해서입니다.

심리학에서는 내면 아이와 내면 부모를 바라보자는 얘기를 합니다. 내면 아이는 평생 동안 내 안에서 살아갑니다. 우리 마음속에는 누구나 울고 있는 어린아이가 있습니다. 그 아이와 대화를 해보는 거예요. 충분히 울게 하고 들어주고 위로해주는 겁니다.

누가요?

내가 하는 겁니다.

내가 그 아이의 치유자가 되어주는 거예요. 그래야 나의 슬픔이 자녀에게 대물림되지 않습니다.

내 마음속에는 내면 아이가 있듯이 내면 부모도 있습니다. 내면 부모는 어릴 때 만났던 내 부모의 모습이 가슴속에 남아 있는 것입니다. 현재의 나, 내면 아이, 내면 부모는 함께 평생을 살아가야 합니다. 훌륭한 롤 모델이 될 만한 내면 부모를 가진 사람도 있겠지만 너무나 미성숙한 모습을 가진 내면 부모가 마음속에 그대로 남아 있는 경우도 있습니다.

닮고 싶은 내면 부모가 마음속에 있습니까?

원망스럽고 다시는 보기 싫은 부모의 모습이 마음속에 내면 부모로 남아 있습니까? 원망스럽고 미성숙한 부모도 내 인생에 반면교사가 될 수 있습니다.

'내 부모님은 나에게 많은 상처를 줬지만 나는 그걸 교훈 삼아

서 내 자녀에게 상처 주지 않는 부모가 되어야지.' 이렇게 생각해
볼 수 있다는 거지요.

저는 항상 성인들을 상담할 때 이 말을 기억하라고 권합니다.

"나는 내가 키운다!"

청소년기 시절까지 나를 키워주는 사람은 내 부모입니다. 하지
만 20세부터 나를 키우는 사람은 나 자신입니다. 부모로부터 받
은 상처를 치유하고 더 좋은 부모가 되기 위해서 내 행복을, 내 가
족의 행복을 선택하는 용기를 내야 할 때입니다.

부모님이 너무 원망스러운 날, 이 치료를 자가 실시해보십시오.

'나도 당신도 완벽하지 않기 때문에 당연히 실수할 수 있습니
다. 과거의 고통은 나를 성장시키는 소재가 될 것입니다. 과거를
냉철하게 바라보고 현재의 도움이 되도록 긍정적으로 해석하겠
습니다. 새로운 유전자를 내가 창조하겠습니다. 내가 성장할 수
있는 절호의 기회가 왔다고 생각하겠습니다.'

이렇게 생각하는 것이 스스로 실시할 수 있는 심리 치료입니
다. 상처에서 벗어나서 행복으로 나아갈 수 있도록 도와주는 자
가 치료법이 될 수 있습니다.

종이를 꺼내서 내가 원했던 부모의 모습을 한번 써보십시오.

박상미의 가족 상담소

그리고 그 부모의 자리에 내 이름을 넣어보십시오. 이제 내가 그 부모의 모델이 될 차례입니다. 과거를 극복하고 치유할 때 비로소 자유로워질 수 있습니다.

부모로부터 받은 상처 때문에 지금도 힘든 내가 상처에서 벗어나 행복해지기 위해 용기 있는 선택을 해보세요.

03

부부는
일심동체가 아니다

완벽한 타인이 만나서 가장 가까운 가족이 된다는 것은 기적 같은 일입니다. 심지어 잘 지내기까지 한다면, 놀라운 기적을 함께 창조해내는 일입니다.

부부는 함께 공부해야 합니다. 갈등이 생기기 전에 잘 싸우고 잘 화해하는 법을 배워야 합니다.

하지만 우리는 어디서도 배워본 적이 없죠. 그래서 갈등이 깊어지고 이미 곪기 시작했다고요? 괜찮아요. 몰라서 오해했던 마음, 알면 이해할 수 있습니다.

많은 부부가 부부 상담을 받고 싶어 하지만 부부의 문제를 누군가에게 얘기하는 걸 참 어려워합니다. 만나서 사랑하고 연애하고 결혼할 때는 이 사랑이 영원히 갈 줄 알았습니다. 이 남자가,

이 여자가 나를 정말 사랑한다고 느끼고 우리 사랑은 특별하다는 희망을 가지고 있지요.

하지만 사랑의 호르몬은 2년 이상 지속되기 어렵습니다. 누구나 그렇습니다. 그래서 사랑의 온도가 낮아진다는 느낌이 들 때 상대를 비난하기 시작합니다.

"이 인간이 변했어."

"내가 속았어."

이런 말들을 서로 많이 하지요.

그런데 그 사람은 원래 그대로입니다. 그 사람의 성격도 원래 그랬고, 그 사람이 상대방을 대하는 자세도 원래 그랬습니다. 단지 그를 바라보는 내 시선이 변한 것입니다.

하지만 우리는 변해버린 내 시선은 생각하지 않고 "저 인간이 변했어"라는 원망과 비난을 할 때가 많지요.

부부일심동체라고요? 심리학은 아니라고 말합니다.

부부는 완벽한 타인입니다. 잘 안 맞는 게 당연하고, 잘 맞는다면 그게 기적이고 감사한 일입니다. 내 마음을 말 안 해도 사랑의 감정으로 다 알아주는 배우자는 거의 없습니다. 없다고 생각해야 오히려 모든 부부에게 희망이 생깁니다.

관계를 살리는 싸움의 기술

부부가 잘 지내려면 잘 싸우는 지혜가 필요합니다.

"안 싸워야지, 싸우는 지혜가 필요하다고요?"

안 싸우는 부부는 말을 안 하는 부부입니다. 가장 위험한 부부지요. 사실은 대화를 많이 하는 부부일수록 싸울 확률도 높아집니다. 싸우지 않는 게 아니라 잘 싸워서 서로의 다른 점을 확인하고 인정하는 법을 깨우쳐가며 더 지혜로운 관계를 맺는 게 중요해요.

싸움에도 기술이 있습니다. 관계를 끊는 싸움의 기술이 있는가 하면 관계를 살리는 싸움의 기술이 있습니다.

일단 싸움이 시작됐다면 욱하고 치밀어 오르는 감정을 조율하는 시간이 필요합니다. 그래야 상대의 말을 들을 수 있고 침착하게 이성적인 대화를 이어 나갈 수 있기 때문이지요.

화해는 그다음 문제입니다. 홧김에 뱉은 한마디 때문에 오랜 시간 쌓은 인연이 물거품이 되는 경험을 해본 사람은 압니다. 사소한 말싸움이 커져서 신혼 초에 이혼에 이르게 되는 사례도 많습니다.

이혼을 하고 싶지만 망설여지는 이유가 많으신 분도 계시지요? 망설여지는 이유가 많다는 건 아직 우리에게 사랑이 남아 있다는 증거입니다. 바로 희망이지요.

자, 부부 싸움을 하는 것, 괜찮습니다. 부부 싸움을 어떻게 하고 어떻게 화해하는지 배우면 됩니다.

'잘' 싸우고 '잘' 화해하는 지혜

안 싸우는 부부나 연인은 없어요. 잘 싸우고 잘 화해하는 게 남녀 관계를 오래 유지하는 데 중요합니다. 20대 부부부터 80대 부부까지, 많은 부부가 겪는 갈등 상황들을 통해서 우리의 문제를 풀어 나가보도록 해요.

첫째, '삼생일말'은 부부 대화의 기본입니다. 삼생, 세 번 생각하고 일말, 한 번 말하자는 뜻입니다.

평소에 상대가 가진 상처를 파악하고 절대로 건드려서는 안 되는 부분을 기억해놓는 건 중요합니다. 모르겠다면, 물어보세요. '내가 혹시라도 실수할까 봐 기억해놓으려고' 이렇게 말하세요. 잘 지내는 부부들은 "사랑해", "고마워"라는 말을 많이 하는 것보다 상대가 듣기 싫어하는 말을 하지 않으려고 무척 애썼습니다. 상대가 유독 취약한 말, 상처받는 말을 파악하고 그 말을 하지 않기 위해 조심하는 게 중요합니다. 사랑한다는 말을 열 번 하는 것보다 그가 싫어하는 말 한 번을 하지 않는 게 좋습니다.

"당신도 아버지 닮았네. 피는 못 속이지."

"당신 아버지, 평생 가장 노릇 못하셨잖아!"

부부 싸움 중에 저를 찾아온 40대 남성이 아내에게 들은 말입니다. 평생 무능력하고, 술만 드시고, 어머니와 밤마다 서로 욕하며 싸우는 가정에서 자란 이 남자에게 '부모'는 가장 아프고 숨기고 싶은 상처였지요. 그는 아내가 뱉은 이 한마디 때문에 결국 이혼을 결심하게 됩니다. 아버지처럼 살지 않겠다, 결코 이혼하지 않겠다는 게 삶의 목표였는데 이 말을 들은 순간 도저히 부부 관계를 극복할 수 없었다는 말을 하면서 참 많이 울었습니다. 부부 싸움 중에 감정이 격해져서 말실수를 했으니 용서해달라고 아내가 아무리 사정해도 남편은 마음을 돌리지 못했습니다. 아내가 남편을 설득해서 상담실에 함께 왔지만 남편의 마음의 문을 열기는 너무나 어려웠지요.

상대가 가진 가장 아픈 상처를 건드리는 말은 실수가 아니라 곪고 덧난 상처에 뜨거운 물을 붓는 것과 같다는 것, 기억해야 합니다.

둘째, 비난, 무시, 증오하는 말, 경멸하는 표정도 금물입니다.

"말이 안 통해서 말하기 싫어."

"당신은 나이만 들었지 변한 게 없어."

"이제 포기했어."

서로 공감, 소통을 못하는 부부들은 이런 막말을 많이 주고받았습니다. 비난하고 무시하고 증오하는 말들은 지금의 상황을 해결하는 데 하등의 도움이 되지 못하고 서로의 감정에 상처만 내지요. 독이 든 표정도 조심해야 합니다. 특히 경멸의 표정은 독이 든 말보다 상대의 가슴에 더 큰 상처를 남긴다는 것 잊지 마세요. 표정은 여자들이 더 풍부하니까 아내들이 좀 더 조심해야 합니다.

셋째, '옛날 일 들추기'는 반칙입니다. 지금, 오늘 우리의 문제만 가지고 싸워야 합니다. 그런데 반칙하는 사람들이 참 많아요. 오늘 일어난 일 때문에 싸우다가 상황이 불리해지면 과거의 일들을 끄집어 와서 '당신은 예전에 더했다'며 물귀신 작전을 펼치는 경우가 많습니다.

사실 남자보다는 여자가 이런 싸움을 많이 합니다. 왜냐하면 과거의 일을 더 정확하게 기억하고 그때의 감정을 오랫동안 가슴에 쌓아두는 게 여자이기 때문입니다. 과거의 일을 현재의 싸움에 끌어와서 상대를 비난하는 기술은 남자보다 여자들이 더 뛰어나다는 것을 기억해주세요. 남자들은 과거에 종결된 싸움은 잊어버리는 경우가 많습니다.

여자들이 현재의 싸움에 과거의 싸움을 끌어와서 비난을 할 때 남자들이 겪는 심리적 좌절감은 매우 큽니다.

넷째, 휴전 법칙을 정하십시오.

"오늘은 그만 싸우자. 나중에 다시 얘기하자."

"도망치지 말고, 오늘 결판을 내자. 잘잘못을 따져보자구. 시작했으면 끝을 내야지."

이런 식의 대화는 관계를 죽이는 대화입니다. 서로의 감정이 격해져서 대화가 잘 되지 않고 상대방의 진심을 알기 어려울 때는 잠시 시간을 갖는 게 좋습니다.

그러면 상황을 객관적으로 파악하면서 자신이 화가 난 이유와 상대가 화가 난 이유가 무엇인지, 서로 오해하고 있는 것은 없는지 생각할 기회를 가질 수 있습니다. 무엇보다 흥분한 상태에서 말실수를 할 가능성을 줄일 수 있어요.

말싸움을 하다가 배우자가 "잠깐, 우리 잠깐 멈춰. 한 시간 후에 다시 얘기하자"라고 하는 건 참 좋은 대화법입니다.

그런데 상대는 "왜 도망치려고 그래? 여기서 끝장 보자고! 앉아. 앉아. 왜 도망쳐?"라고 비난하기도 합니다. 자, 이때는 휴전 법칙을 선언한 사람의 말이 옳습니다.

한 시간 휴전 법칙, 내가 먼저 제안하는 용기를 내주세요. 사이가 좋을 때 이런 규칙을 세우고, 싸울 때도 이 규칙을 꼭 지키자고 약속을 하세요. 서로 흥분했을 때 이 법칙을 지키자고 서로에게 요청하는 것이 필요합니다.

자주 싸우고, 잘 풀지 못하는 커플들의 특징이 있었어요. 상대에게 불만이 있을 때 상대의 성격 자체를 비난하는 것입니다. 상대에게 나의 생각을 주입시켜서, 나처럼 좋은 성격으로 바꾸어놓기 위해서 더 열심히 싸움에서 이기려고 애쓰는 거지요. 세상에 좋은 기질, 나쁜 기질이 없듯이 좋은 성격, 나쁜 성격도 없어요. 서로 다를 뿐이지요.

유독 이성과 갈등이 생기면 화해를 잘 못하는 사람들이 있어요. 부모가 자녀들에게 싸우는 모습만 보여주고 잘 화해하는 모습을 보여주지 않으면 자녀들은 인간관계에서 화해하는 방법을 배우지 못합니다.

자랄 때 우리 엄마, 아빠가 싸우던 방식을 내가 따라 하고 있는 건 아닌가 점검해봐야 합니다. 부모의 대화법을 자식이 그대로 닮아가는 경우가 많거든요. 내가 정말 싫어하던 부모님의 대화 유전자가 나에게, 그리고 내 자녀에게 대물림되지 않도록 늘 깨어 있어야 합니다.

화해를 권하지 않는 케이스도 있습니다. 가정 폭력이 문제가 되는 경우입니다. 배우자가 화를 폭력으로만 표현하는 경우, 폭력을 대수롭지 않게 생각하고 폭력, 사과, 폭력, 사과를 되풀이하는 경우가 꽤 있습니다.

하지만 꼭 기억하세요. 때리는 배우자는 쉽게 용서해서는 안 됩니다. 폭력이 습관이 된 사람은 변하기 어렵습니다. 가정 폭력에 오랜 시간 노출된 사람은 "내가 그를 화나게 했어요. 내가 맞을 만했어요." 이런 말을 하기도 합니다. 이것이 가스라이팅입니다. 폭력과 지배에 오랜 시간 노출되다 보니 무기력해지고 무감각해져서 폭력적인 배우자의 말에 길들여진 것이지요.

세상에는 때리는 사람이 있을 뿐, 맞아도 되는 사람은 없습니다. 아이들 때문에 참고 산다고요? 때리고 싸우는 부모라도 함께 사는 게 아이들 교육에 좋을 거라고요? 저는 부부 상담을 할 때 이 말을 너무 많이 듣습니다.

그런데 자녀들 상담을 할 때 아이들은 정반대의 말을 했습니다. "하루라도 부모님이 싸우지 않는 집에서 살고 싶어요. 이렇게 서로 욕하고 때리고 싸울 거라면 두 분이 제발 이혼하시면 좋겠어요. 하루라도 평안한 집에서 잠들고 싶어요. 같이 사는 게 지옥 같아요."

왜 우리 때문에 참고 사는지 이해가 안 된다며 제발 참지 말아 달라고 합니다. 자식 교육에 가장 나쁜 건 부부가 서로 욕하고 싸우고 때리며 갈등의 모습을 보여주는 것입니다. 아이들을 학대하는 거예요.

20대부터 80대 부부까지 상담하면서 가장 많이 듣는 하소연이 '이 사람과는 말이 안 통한다'는 것이에요.

같은 한국어를 하는데 왜 말이 안 통할까요? 서로의 감정을 못

읽어주기 때문에 서로에게 섭섭한 것입니다. 섭섭해서 화가 나는 것입니다.

그래서 배우자가 화가 나서 말문을 닫았을 때는 이렇게 질문해야 합니다.

"뭐가 섭섭해? 나 때문에 상처받은 일이 있으면 한번 말해봐. 당신 마음을 구체적으로 말해주면 내가 당신을 이해하는 데 도움이 될 것 같아."

내 배우자가 나에게 이런 말을 해준다면 기분이 좋겠지요. 이 말을 하는 데도 연습과 용기가 필요합니다.

"왜 만날 화내?"라고 묻지 말고 "나한테 섭섭한 게 있구나. 뭐가 섭섭해?"라고 물어보세요. "나 때문에 마음이 아파?"라고 물어보세요. 그러면 그 말을 들은 내 배우자는 아마 눈물이 핑 돌 것입니다. 왜냐하면 상대가 나의 마음을 공감해주고 있기 때문이지요.

세상의 모든 부부는 잘 안 맞습니다. 세상의 모든 부부는 갈등합니다. 타인과 타인이 만났기에 당연한 일입니다.

싸우지 않는 부부가 더 위험합니다. 잘 싸우는 방법, 싸움의 기술을 기억하시고 내가 먼저 시도하는 용기를 한번 내보세요.

"사랑해"라는 말을 자주 하는 것보다 내 배우자가 정말 싫어하는 말, 아파하는 말을 하지 않기 위해서 노력하는 부부가 되면 좋겠습니다.

04
운명의 라이벌,
형제자매

친구처럼 잘 지내는 형제들이 있는가 하면 친구보다 먼 혈육, 형제간의 갈등 때문에 힘들어하는 분들도 계시지요. 인류 최초의 형제, 카인과 아벨부터 형제는 언제나 갈등하는 관계였습니다. 그래서 "우리 가족만 이런가? 우리 형제만 이런가?" 하며 너무 괴로워하지 않아도 됩니다.

혈육은 힘들 때 기대는 큰 버팀목이자 끝없이 서로를 질투하고 경쟁하는 관계이기도 합니다. 왜냐하면 형제들은 또 하나의 집단이기 때문입니다. 선택할 수 없는 운명의 라이벌, 형제와 자매의 이야기입니다.

형제, 멀어진 이유가 있습니다

형제 관계는 영원히 가족이라는 끈으로 묶여 있어야 하기 때문에 얼굴을 안 보고 살기가 함께하는 것보다 더 힘든 관계이기도 합니다.

형제간의 갈등을 호소하는 분들의 공통점은 모두가 죄책감을 가지고 있었다는 거예요. 사이 나쁜 형제들도 속마음을 털어놓을 때 잘 들어보면 회복하고 싶은 욕구를 가지고 있었습니다.

형제간의 갈등이 생기는 원인에는 여러 가지 유형이 있습니다. 그 유형 중에서 첫 번째, 어린 시절의 상처가 해결되지 않아 갈등이 지속되는 경우입니다. 먼저 고민 상담 사례를 좀 보겠습니다.

다른 집 형제들은 다 잘 지내는 것 같은데 우리 형제는 남보다 못합니다. 명절과 부모님 생신 때만 마주치는데 그것도 불편합니다. 기질이 정반대인 우리 형제는 어릴 때부터 안 친했습니다. 형보다 제가 성적도 좋고 활발해서 부모님께 사랑을 좀 더 많이 받은 것도 사실이기는 합니다. 형은 저에게 무관심과 폭력으로 복수했던 것 같아요. 부모님이 제 편에서 형을 야단치면 형은 반드시 저에게 또 복수를 했습니다. 그래서 멀어졌습니다.

다른 집 형제의 사연을 들어볼까요?

형제 사이가 나쁘니 가끔 가족들이 모여도 배우자들도, 아이들도 어색하고 불편해서 빨리 일어나게 됩니다. 부모님은 저희를 볼 때마다 "잘 지내라" 하시니 부모님과도 멀어지게 됩니다.

또 다른 사례를 볼까요?

나이 차이가 별로 나지 않다 보니 같은 학교, 같은 학원을 다녔어요. 부모님은 늘 저와 언니를 비교하고 경쟁하게 했습니다. 늘 언니보다 성적에서 밀렸던 저는 자격지심이 생기고 자존감이 낮아지고 언니를 미워하게 됐어요. 언니를 미워하는 것으로 부모님에 대한 원망을 표출했던 것 같아요.

형제자매의 갈등을 가만히 들여다보면 어릴 때 부모님의 양육 방식 때문에 형제자매의 갈등이 촉발된 경우가 많다는 걸 알 수 있습니다. 비슷한 또래 자녀를 키우는 부모들이 몰라서 하는 실수가 형제 관계에 큰 영향을 미치기도 합니다.

나와 형제의 잘못만은 아닙니다. 지금이라도 우리 형제자매가 잘 지내고 싶다면 우리가 갈등하게 된 원인과 뿌리를 들여다볼 필요가 있습니다.

형제자매들이 받는 상처와 기억은 서로 달라요. 그래서 대화가 필요해요. 비슷한 또래 자녀를 키우는 부모들은 아이들을 대할 때

박상미의 가족 상담소

조심해야 할 게 많습니다. 왜냐하면 자식들을 공평하게 대했어도 차별당했다고 상처받는 자녀가 있고, 그 자녀들끼리 사이가 나빠지기도 하니까요.

다자녀 가정의 아이들은 왜 유독 차별받는다고 느끼는 걸까요? 부모님들은 주장합니다.

"공평하게 했어요. 억울해요."

그런데 아이는 눈물을 흘립니다.

"저는 상처받았어요. 차별받았다고요!"

형제자매들은 서로의 입장 차가 대화를 통해서 잘 해소되지 않으면 묵은 감정으로 남아서 나이 들어서도 어색한 사이로 지내는 경우가 많습니다.

유명한 드라마죠. 〈응답하라 1988〉, 본 적 있으세요? 이 드라마의 한 장면입니다.

"왜 나만 덕선이야?"

주인공 덕선이가 절규할 때 했던 말입니다. 언니와 동생의 이름은 보라, 노을인데 둘째만 촌스러운 이름, 덕선입니다.

덕선이는 수시로 엄마에게 항의합니다.

"왜 나만 계란프라이 안 해줘? 통닭도 아저씨가 나 먹으라고 준 건데 닭다리는 언니랑 노을이한테 주고 나는 날개만 주고, 나도 닭다리 먹을 줄 알거든!"

항의보다 절규에 가깝지요. 한국엔 한 맺힌 둘째들, 덕선이가 꽤 많습니다. 중간에 끼여서 위에서 치이고 밑에서 치이고 나름의 상처가 많아요. 첫째와 막내는 중간에 끼여 있는 둘째의 아픔을 좀 들어주고 이해해줄 필요도 있는데 우리는 자신의 아픔만 크게 느끼기 때문에 더 상처받고 소외된 형제의 마음은 모르는 경우가 많습니다. 모르거나 외면하거나.

동생들 챙기느라 고생한 첫째들도 있고, 딸 많은 집에 아들로 태어나서 받은 사랑보다 부담이 더 컸던 아들도 있고, 헌 옷 헌책만 물려받으며 자란 막내들도 있지요. 출생 순서와 관계없이 또래 형제들 속에서 자란 사람들은 각자의 상처가 있었습니다.

아들과 딸은 성별이 다르고 첫째, 둘째, 셋째는 나이가 달라요. 부모가 그 차이에 근거해 아이들을 구별해서 대하다 보니 차별받고 소외되는 아이가 반드시 생기는 겁니다. 예민할수록 상처를 많이 받아요. 그리고 형제를 미워하게 되는 경우가 많습니다.

우리 아이가 좀 예민한 것 같나요? 그러면 아이가 떡 하나 더 달라고 조르지 않아도 아이를 유심히 관찰해주세요. 그리고 부모님의 지혜로운 조율이 필요합니다. 그래야 형제들이 잘 지낼 수 있습니다.

아이들마다 느끼는 차별은 천차만별입니다. 부모의 차별 그 자체보다 아이가 느끼는 감정이 더 중요하다는 것 기억해주세요.

"야, 내가 언제 차별했다고 그래? 공평하게 했다니까. 형은 아

박상미의 가족 상담소

무 말도 안 하는데 왜 너만 만날 차별받았다고 이 난리야."

이렇게 말하는 부모님들 계시죠. 나의 기준이 중요한 게 아니라 상처받았다고, 차별받았다고 괴로워하는 아이의 감정이 더 중요합니다. 부모님의 이런 방식이 잘 지낼 수 있는 아이들을 더 멀어지는 관계로 만들 수도 있다는 것, 기억해주세요.

차별하는 부모, 상처받은 자식

사실 제가 가족 상담을 해보면 자식을 차별하는 부모들도 있습니다.

"유독 예쁜 자식이 있더라고요."

"예쁜 짓을 더 많이 하고 키우기가 수월한 자식에게 나도 모르게 정이 갔어요."

왜 유독 미운 자식이 있는지도 물어보았습니다.

"내가 싫어하는 내 모습을 닮아서 미웠어요."

"내가 싫어하는 배우자의 모습을 닮아서 미웠어요."

"너무 떼쓰고 고집이 세니깐 키우기 힘들어서 내가 좀 차별하고 미워했던 것 같아요."

이렇게 말하는 겁니다.

까다로운 기질의 아이보다는 순한 기질을 가진 아이가 부모와 애착 관계를 맺는 데 유리한 건 사실입니다. 부모는 처음부터 애착 형성이 잘되는 자식에게 사랑을 더 주고 애착 형성이 잘 되지 않는 자녀에게는 나도 모르게 정을 덜 주게 됩니다. 은근히 차별도 하게 되고요. 심리학이 밝혀낸 부모의 심리가 그렇습니다.

부모가 은근히 자식을 차별하면, 형제들은 사이좋게 잘 지낼 가능성이 낮습니다. 이런 형제 관계의 특성은 부모가 된 이후에도 영향을 미칩니다. 둘째여서 차별받았던 부모 중에는 둘째를 더 챙기려고 하는 경우가 있었고요. 장남, 장녀여서 대우받은 경험이 있는 부모는 둘째, 셋째에게 첫째를 대우하라고 요구하기도 했습니다. 형제끼리 싸우더라도 동생들에게 사과를 강요하는 경우도 많았습니다. 부모의 이런 양육 방식이 형제의 사이를 멀어지게 하고 서로를 미워하게 했을 수도 있다는 것, 기억해주세요.

자, 어떤가요? 우리 형제자매의 거리가 멀어진 데에 부모님의 양육 방식이 영향을 끼친 것 같나요? 그렇다면 내 형제자매 잘못이 아닙니다. 부모님의 실수였다면, 우리 형제 관계를 다시 재정립할 수 있습니다. 이제 한 사람이 용기를 내서 어린 시절의 상처를 꺼내보는 건 어떨까요? 뒤늦게 서로의 상처를 이해하고 가까워지는 형제도 많습니다.

형제 관계를 죽이는 '독박 봉양'

두 번째 케이스입니다. 어린 시절에는 문제가 없었는데 성인이 된 후에 부모님을 돌보는 문제, 재산 문제로 갈등하게 된 경우입니다. 형제 중에 한 사람이 희생을 더 많이 하게 되면 남보다 못한 관계가 될 수도 있습니다. 착한 자식, 미혼인 자식이 자처해서 희생하는 경우가 많지요.

그러다가 이 착한 형제가 화병에 걸려서 분노가 폭발하면 가족 관계는 뒤늦게 지옥을 경험하게 됩니다. 착한 자식이 부모님을 봉양하는 데 있어서 독박을 쓰는 건 형제들의 잘못도 있지만, 착한 자식을 자처한 자신의 문제이기도 합니다. 착한 사람 콤플렉스를 가진 내가 앞장서서 너무 많이 희생하고 난 다음에 다른 형제들에게 폭풍 같은 섭섭함을 느끼고 "우리 관계 끊자. 왜 나만 희생해야 해?"라고 원망을 표출하는 경우도 있습니다.

희생이 원한이 되지 않도록 처음부터 짐은 나누는 게 좋습니다. 좋은 마음에 희생했다가 부모도 미워지고 형제와도 멀어지면 모두에게 상처만 남습니다. 누구도 원치 않았던 결과를 맞게 되죠. 물론 형제들의 잘못도 있습니다.

"쟤는 착하니깐. 쟤는 아직 싱글이니까, 쟤는 자기가 좋아서 하는 일이니깐 내가 조금 물러서 있어도 되겠지"라고 착각하는 형제들도 있습니다. 혹시 내가 그런 사람은 아닌가요?

연세가 높은 어르신들을 상담해보면 자녀들이 서로 싸우고 갈등해서 우리의 노년이 불행하다고 슬퍼하는 분이 많으십니다. 저는 이렇게 말씀드려요.

"자식도 타인이다. 자식들끼리 무조건 사이좋기를 바라는 것도 나의 욕심이다."

두 분이 행복한 노년을 보내는 데만 집중하시고 내 아들과 딸들이 서로 조금 갈등하고, 서로 안 보고, 사이가 안 좋게 지내더라도 그걸 내 인생의 성적표라고 생각하며 좌절할 필요는 없다고 말씀드립니다.

그리고 갈등하는 형제들에게도 이렇게 권유합니다.

"너무 성급하게 생각하지 마세요. 너무 힘들 땐 형제라도 거리를 두고 좀 멀어져도 됩니다. 한동안 안 보고 지내도 됩니다."

죄책감이 나를 더 힘들게 한다고요? 그렇다면 문자 한 통 보내세요.

"형, 내가 지금은 섭섭해서 당분간 거리를 조금 두고 싶어. 우리가 이 시간을 좀 잘 보내고 언젠가 술 한잔 하면서 진짜 속마음을 한번 얘기해봤으면 좋겠어."

시간이 걸리더라도 서로의 마음을 확인하고 나면 가족 관계는 얼마든지 회복할 수 있습니다. 피는 물보다 진하다는 걸 한번 믿어보면 어떨까요?

앞에서 모든 인간관계 중에서 가족 관계가 가장 힘들다는 말씀을 드렸습니다. 학력, 연령, 성별을 불문하고 모든 사람의 고민 1순위는 가족 관계였습니다. 왜 고민할까요? 회복하고 싶기 때문입니다. 더 잘 지내고 싶기 때문입니다.

피를 나눈 형제라면 서로에게 더 많이 섭섭할 수 있습니다. 왜냐하면 기대가 크고, 남보다 더 서로를 위해줘야 한다고 생각하고 있기 때문입니다.

지금 관계가 소원해진 형제가 있나요? 잠시 거리를 두고 우리의 문제는 무엇인지 한번 파악해보길 바랍니다. 그리고 내가 먼저 연락하는 용기를 내보세요. 어찌 되었건, 그럼에도 불구하고, 남보다는 형제가 낫습니다.

05

드러나지 않은 갈등,
사위도 처가가 힘들다

'사위 사랑은 장모'라는 말을 옛날부터 많이 들어왔지요. 그런 집도 많지만, 요즘은 사위들이 가장 힘들어하는 사람 중에 한 명이 장모님이라는 말도 종종 듣게 됩니다.

설문조사에 따르면 2012년 이후 남자들이 이혼하고 싶은 사유 3위 안에 드는 것이 사위, 장모 갈등이라고 합니다. 며느리와 시어머니의 갈등 때문에 이혼하겠다는 이혼 소송 건수는 갈수록 줄어들고 있고, 장모님 때문에 못살겠다, 더 이상 무시당하면서 살수 없다고 사위들이 이혼 소송을 제기하는 경우는 늘어나고 있다고 합니다. 왜 그런 걸까요?

여자들은 결혼 후 가족 갈등, 스트레스를 풀 때 친구들을 만나서, 또 친정 식구들을 만나서 수다로 풀고 해소하는 경우가 많습

박상미의 가족 상담소

니다. 그렇다 보니 며느리와 시댁의 갈등은 우리에게 많이 알려져 있죠. 하지만 남자들은 웬만해서는 속마음을 타인에게 털어놓지 않습니다. 친한 친구들끼리 만나면 수다 떨 수 있는 것도 아니냐고요? 실제로는 그렇지 않다고 합니다.

남자들이 가족 관계 문제로 고민할 때 '수다로 푼다'는 4위에 머물렀습니다. 1위는 무엇이었을까요? '술로 푼다', '그냥 잔다' 이런 대답들이었습니다. 자기의 진짜 속마음을 겉으로 말하지 못하는 남자들의 심리, 그렇다 보니 갈등이 곪아 터져서야 겉으로 드러납니다.

예비 장모님, 예비 장인어른들도 미리 알고 대비하면 우리 가족 내에서 일어날지 모르는 갈등을 줄일 수 있습니다. 사위들은 어떤 고민이 있고 어떤 점 때문에 장인, 장모님을 힘들어하는지 상담실 문을 열어보지요.

장모님, 저도 금쪽입니다

첫 번째 사연, 볼까요?

아내와 저는 대학 커플이에요. 지금은 아내가 저보다 연봉이 높아요. 장인, 장모님을 만날 때마다 두 분은 은근히 비꼬세요.

"좋은 선자리가 굉장히 많이 들어왔었는데⋯⋯."

"누구네 사위 연봉이 얼마라더라."

"밑지는 결혼을 시킨 것 같다. 나는 이 결혼 반대했었다."

끊임없이 말씀하시는 장모님⋯⋯. 웃자고 하는 말이라고, 농담이라고 하시지만 저는 꼭 저 들으라는 비난처럼 들립니다. 그리고 꼭 맨 뒤에 붙이는 말이 있어요.

"자네, 내 딸에게 잘하게."

캠퍼스 커플들이 결혼했을 때, 시부모는 대등한 결혼이라고 생각하는 반면 장인, 장모님은 왜 '내 딸이 손해보는 결혼'이라고 생각하시는 걸까요? 이건 우리 부모님들 세대에 깊이 박혀 있는 고정관념입니다. 남자가 여자보다 학력도 높아야 하고 돈도 잘 벌어야 한다는 고정관념 말이지요.

그런데 지금은 시대가 변했습니다. 내 딸이 사회, 직장에 나가서 남녀차별 받는 것은 전혀 원치 않으시지요? 그렇다면 그것을 우리 가정에도 적용해서 생각하셔야 합니다. 내 딸과 사위를 대등하게 바라보셔야 해요. 딸과 사위의 학력이 같기 때문에 내 딸이 밑졌다, 그런 논리에서 벗어날 때 우리 딸들도 사회에 나가서 남녀차별 당하지 않고 당당하게, 자신 있게 일할 수 있을 겁니다.

앞으로 젊은 세대들은 당연히 100세 이상 수명을 유지할 거예요. 직업도 평균적으로 보면 서너 번이 바뀔 겁니다. 아직 젊은 부부들은 앞으로 누가 더 돈을 많이 벌게 될지, 누가 더 성장할지 아무도 모릅니다. 지금 내 딸 연봉이 좀 더 많고 사위의 연봉이 좀 적다고 해서 사위를 무시하면 나중에 내 사위가 잘됐을 때 효도를 좀 덜 받게 됩니다.

젊은 장인, 장모님들, 혹시 내가 농담을 가장해서 사위가 듣기 힘든 말을 한 적은 없는지, 내 딸이 아깝게 시집갔다, 밑지는 결혼했다는 뉘앙스를 풍긴 적은 없는지 한번 생각해보세요.

시집살이만큼 힘든 처가살이

아이 양육을 맡아준 장모님이 아이를 키우면서 자꾸 은근히 우리 집안 험담을 아이에게 합니다. 그리고 네 아빠보다 엄마가 얼마나 좋은 사람인지, 네 엄마가 얼마나 똑똑한 사람인지 아이를 잡고 자꾸 말씀하셔서 아이도 은근히 저를 무시하는 것 같아요. 아이도 언젠가부터 친가를 싫어하고 외가만 좋아하는 것 같아서 고민입니다.

37세, 김 서방의 하소연입니다. 상담실에 오는 사위들의 하소연 중에는 이런 내용이 많아요. 시부모님께서 아이를 양육하는 경우에도 은근히 네 아빠가 얼마나 똑똑했는지, 네 아빠가 얼마나 훌륭한지를 계속 강조하면서 엄마의 부족함에 대해 아이한테 말하기도 합니다.

은연중에 우리가 내 편, 네 편을 나누는 건 아닐까요? 예식장에서 우리의 아이들이 손을 맞잡고 들어간 순간, 그리고 친정어머니와 시어머니가 손을 맞잡고 촛불을 밝힌 그 순간부터 우리는 한 가족이고 한편입니다. 그러니 네 편, 내 편을 나누는 이런 유치한 말들은 농담으로라도 하지 않는 것이 좋겠습니다.

내 손자, 손녀가 어떻게 자라길 원하십니까? 부모님을 공경하면서 효자, 효녀로 크길 바라시지요? 그렇다면 조금 불만이 있더라도 "우리 사위 정말 장하네", "우리 며느리가 최고야", "우리 사위는 내가 대접해줘야지" 하는 모습을 보여주는 게 내 손자, 손녀를 잘 크게 하는 지름길입니다.

가족 사이에도 거리 두기가 필요합니다

처가와 같은 아파트에 살고 있는데요, 장인, 장모님이 아내를 공주처럼 귀하게 대접하니까 아내는 늘 부모님과 남편을 비교합니다.

"우리 부모님이 나한테 해주는 거 봤지? 당신이 나를 이렇게 푸대접해서 되겠어?"

이렇게 타박한다고 합니다. 장인, 장모님 앞에서도 남편을 막 야단칩니다. 그런데 장인, 장모님은 침묵하십니다. 그 침묵이 딸 편을 드는 것 같아서 더 섭섭합니다.

이런 경우 시댁, 처가와 좀 떨어져서 사는 게 좋습니다. 시댁 도, 처가도 떨어져서 살면 그립기도 하고, 보고 싶기도 하지요. 그리고 가끔 만나니까 더 반갑거든요.

가까이 살면서 잘 지내는 가족도 있지만, 대부분은 자주 볼수 록 갈등도 많습니다. 처가와 사위 간의 갈등이 늘어난다는 건 처 가와 가깝게 살고 있기 때문입니다.

일하는 딸의 육아를 도와주기 위해 딸과 가까이 살면서 거의 매일 보는 경우가 많죠. 우리가 얻고 있는 혜택, 이득을 생각하면 서 감사한 마음을 갖지 않으면 갈등은 더 커질 수밖에 없습니다.

아이의 양육을 장모님께 맡기고 있다면 이 정도 어려움, 좀 감 수하셔야 돼요. 왜냐하면 아이를 어린이집에 맡기거나 타인의 손 에 맡기는 것보다 마음 편하고, 회사에서 일할 때도 든든하니까 요. 아이 양육에 대해선 불안함이 없지요. 그것은 큰 축복입니다. 양가의 도움을 받을 수 없어서 아이를 어린이집이나 베이비시터 에게 맡기는 사람들은 직장에 있을 때 불안 지수가 높았습니다. 아빠들도 불안 지수가 높았어요. 그런데 장인, 장모님 덕분에 덜 불안하잖아요. 그렇다면 세금을 좀 내세요. 지금은 어쩔 수 없는 시기입니다. 아이 양육을 위해 섭섭해도 참으세요.

그렇지만 어느 날 너무 섭섭해서 장인, 장모님이 보기 싫어지는 지경까지 이를 것 같다면 용기 내서 말씀하세요.

"장모님, 저도 저희 집 가면 금쪽이에요. 가끔은 좀 섭섭해요."

말을 하는 용기를 내보십시오.

다음 사연자는 결혼할 때 모든 비용을 반반 내셨대요. 요즘 이런 신혼부부들 많습니다. 합리적입니다. 집도 반반 투자해서 샀대요. 그런데 장인, 장모님이 집 인테리어와 구조까지 마음대로 하시는 문제가 발생했습니다. 내 딸도 이 집을 사는 데 절반 냈으니 마음대로 해도 된다고 생각하셨나 봐요.

어느 날 안방 드레스룸에 들어가서 옷 정리를 하려고 보니 장모님이 사위의 옷은 모조리 문간방으로 옮겨놓고 딸의 옷으로 이미 다 채워 넣으셨더래요. 딸의 옷은 너무 많으니 큰 드레스룸에 한꺼번에 모으는 게 낫고, 사위의 옷은 양이 적으니까 문간방 옷장에 넣으면 정리가 더 잘 된다고 생각하신 것 같습니다. 그런데 사위는 너무 속상했다고 했습니다. 모든 걸 반반 했으면 내 권리도 이 집의 반이 있는 건데 자기의 권리는 없다는 느낌이 드는가 봅니다.

공감되는 분들 많으시지요? 집은 사실 부부의 공간이지요. 반반의 공간이 맞습니다. 그래서 저 또한 비용도 반반 하는 게 좋다고 말씀을 드리는데요. 아직 우리나라 문화에서는 반반 했을 경우에 장인, 장모님이 권리 주장을 좀 더 하시는 경향이 있습니다. 내 딸이 손해 봤다고 생각하시는 거지요.

우리 사위가 아무 말 안 한다고 해서 불만이 없는 건 아닙니다. 상담해보면 사위들은 불만이 있어도 말을 잘 안 합니다. 그러니 장인, 장모님들이 내 사위를 좀 더 대접해주고 좀 더 예뻐해주세요. 그 혜택은 반드시 내 딸에게 갈 것입니다.

딸과 정서적으로 애착 형성이 잘 된 엄마들일수록 딸이 시집가면 '빈 둥지 증후군'을 더 많이 앓는다고 합니다. 인생이 공허하고, 앞으로 살아가야 할 의미가 없는 것 같고 너무 쓸쓸하고, 그러다 보니 사위가 좀 미워지기도 하지요.

빈 둥지 증후군을 앓고 계시는 부모님의 공허함을 다른 것으로 채워드려야 합니다. 그래야 우리 부부가 잘 살 수 있습니다. 상담을 하다 보면 침대 위에 부부만 누운 게 아니라 친정 부모님, 시댁 부모님까지 여섯 명이 누워서 침대가 좁다고 싸우는 집이 너무 많아요.

내가 내 딸의 가정에, 내 딸의 부부 생활에 너무 간섭하고 있는 건 아닌지, 혹시라도 내 사위가 소외감을 느끼고 있는 건 아닌지 한번 살펴보면 좋겠습니다.

그리고 사위분들은 용기를 좀 내세요. 어리광 부리듯이 장인,

장모님께 "저도 좀 사랑해주세요"라고 말해보세요. 아내에게 요청도 하십시오. "여보, 나 그럴 때 좀 속상해. 당신이 장인, 장모님께 한번 넌지시 얘기해주면 안 될까?"

아내분들은 남편한테 "당신 혹시 우리 부모님께 섭섭한 것 없어?"라고 한번 물어봐주셔도 좋겠습니다.

박상미의 가족 상담소

06
가족 위해 희생하는,
착한 사람들의 화병

보통 상담을 오시는 분들의 공통점이 뭔지 아세요? 너무 착한 사람들이라는 거예요. 이기적으로 내 행복을 추구하는 사람들은 마음 근육도 단단해서 상담실에 거의 오지 않습니다.

마음이 정말 힘들 때 누구에게도 말 못 하고 혼자 괴로워했던 경험들, 다 가지고 계시지요? 정말 믿을 수 있는 누군가에게 그 고민을 꺼내놓았을 때 오히려 많이 가벼워지는 경험도 해보셨을 겁니다. 꺼내놓아야만 나보다 먼저 이 아픔을 겪어본 사람들의 이야기를 들을 수가 있습니다. 어떤 상담자들의 조언보다도 나와 같은 아픔을 먼저 겪어본 사람들의 이야기가 가장 큰 위로가 되기도 하거든요.

이 사연 주신 분의 이야기를 읽으면서 저는 마음이 너무 아팠습니다.

안녕하세요? 나이 40대 중반 미혼입니다. 엄마가 교통사고로 병원에 입원하셔서 저는 직장에 휴직계까지 내고 한 달간 엄마 병간호를 했습니다. 그동안 엄마가 안 먹고 안 입고 돈을 모아 자식들을 위해서 희생하며 사신 것을 잘 알고 있습니다. 그래서 저도 불쌍한 엄마를 위해 최선을 다하려 했지만, 매번 엄마와 딸인 저는 어긋났던 것 같습니다. 병간호를 하며 아픈 엄마를 돌보면 서로가 덜 싸우지 않을까, 엄마가 내게 정말 고마워해주지 않을까 생각했지만 서로에게 상처 주는 일은 더 많아졌습니다. 큰맘 먹고 회사에 휴직계까지 내며 엄마 병간호를 한 건데도 엄마는 저의 희생이 당연하다고 생각하십니다. 반면 오빠는 퇴근 후에 잠깐 얼굴만 내밀어도 고마워하십니다. 제가 참지 못하고 막 화를 내자 결국 엄마는 저녁도 드시지 않고 화를 내며 슬퍼하셨습니다. 저는 어떻게 해야 할까요? 정말 괴롭습니다. 아니 죽고 싶습니다.

가족을 위해 희생하는 사람이 '정말로 희생하는구나, 고생한다, 정말 대단해, 정말 고마워'라는 대접을 받기란 쉽지 않아요. 저는 막내인데도 엄마와 지금까지 함께 살고 있습니다. 그리고 '내가 엄마를 보살펴줘야지, 아버지도 돌아가시고 엄마 혼자 계신데 얼마나 외로울까, 내가 엄마를 챙겨야 돼'라는 책임감이 굉장히 강했습니다. 대학생 때부터 '나는 부모님 도움을 받으면 안 돼, 무조건 빨리 돈 벌어서 혼자 있는 엄마를 호강시켜 드려야 돼' 하고 생각했습니다. 그리고 제가 희생하는 것에 대해서 가족들에게 말하지 않았어요. 제가 하루에 두 끼를 먹더라도 조금 더 돈을 모아서 고향에 있는 엄마한테 보내는 게 당연한 것이라고 생각했습니다. 그런데 아무리 가족이라고 해도 그걸 다 알아주긴 힘든 것 같아요. 내가 가족을 정말 사랑하는 마음으로 희생할 때는 나 스스로에게 물을 수 있어야 합니다.

내 마음 점검하기 '지금, 행복하니?'

'너 지금 행복하니? 혹시 가족을 위해 희생하면서 너무 힘들지 않니? 혹시 너의 불행을 전제로 가족들에게 희생하고 있는 건 아니니?'라고 자신에게 물어보세요. 저는 그걸 저에게 묻지 않았어요. '나는 착하니깐 이렇게 해야 해, 난 언니 오빠보다 착하니깐 이렇게 할 거야'라고 스스로에게 늘 강요했던 것 같아요. 그리고 저는 그 희생이 행복하다고 스스로 착각했던 것 같아요. 제 나이 마흔이 넘은 어느 날, 나의 희생을 엄마도 형제들도 잘 몰라주는 것 같다는 섭섭한 마음이 든 적이 있었어요. 제가 분노하고 있더라고

요. 그 분노가 누구에게 갔을까요? 가장 가까운 가족에게 가게 됩니다. 왜 나의 희생을 몰라주냐고, 나는 20대에 정말 가난하고 힘들었는데, 하루 두 끼 먹으면서 저축해서 엄마한테 보내줬는데, 이렇게 희생했는데 왜 몰라주지? 인생을 헛산 것 같아 가족이 밉고 원망스럽더라고요. 그때 알게 되었지요. '아, 내가 진심으로 가족들을 위해서 기쁘게 희생한 게 아니었구나! 정말 기쁘게, 나의 행복을 저당 잡히지 않고 희생했어야 하는데. 나의 행복을 저당 잡힌 채로, 나의 불행을 전제로 가족에게 희생했을 때는 언젠가 이것이 분노로 가족들에게 드러나는 것이구나! 그러면 가족들과의 관계는 오히려 깨어지는 것이구나!' 뒤늦게 알게 되었어요.

상담 치료 오시는 분들 중에서도 부모님을 혼자 책임지고 있는 분들이 좀 있습니다. 이분들이 저와 비슷한 과정을 많이 겪으시더라고요. 스무 살을 넘어서면 부모의 보호를 받기보다 오히려 부모를 보호해야 될 나이가 오는 것 같습니다. 부모의 보호자가 되어야 하는 순간들이 많이 옵니다. 그래서 저는 어느 순간 생각을 바꾸기로 했어요.

부모님 돌보기가 힘들 때, 발상의 전환

'엄마가 내 딸이다' 생각하기로 한 것입니다. '엄마가 내 딸이라고 생각하자. 그리고 나에게 형제가 없다는 마음으로 효도를 한번 해보자.' 비교 대상이 없어지면 억울하지 않거든요. 그리고 내가 불행할 때는 멈추고 내 마음의 행복을 충전하고 나서 다시 엄마한 테 웃으면서 다가가자, 이렇게 정해봤습니다.

요즘 저는 자식이 여러 명 있는 60대, 70대 어르신들 수업을 많이 합니다. 그분들께 "모든 자식이 똑같나요?" 물어보면 다 다르다고 말합니다. 손님 같은 자식이 있고 너무 편한 자식이 있다고 합니다. 그런데 손님 같은 자식은 가끔 보니깐 예의를 차리게 되고, 정말 편하고 늘 함께하는 자식은 가장 사랑하지만 투정도 너무나 많이 하게 되고 독한 말도 많이 하게 되고 따뜻하게 대하는 게 참 안 된다고 하세요. 사실 그 자식이 가장 아픈 손가락이고 제일 잘해주고 싶은데 이상하게 그게 잘 안 된다는 거지요.

어른들도 60세가 넘어가면 어린아이가 됩니다. 가장 편한 자식이 부모 같고 그 자식에게 투정을 부리고 싶대요. 어쩌면 엄마는 투정을 부리고 있는 겁니다. 나 아파 죽겠어, 나 좀 보살펴줘, 나는 네가 제일 편해, 그러니깐 네가 이 정도는 받아줘야 하는 거 아니야, 하고 계신지도 모르겠어요.

이렇게 착한 마음을 가진 분들은 독하게 '엄마 이제 안 돌봐, 오빠가 보살펴, 나 이제 엄마한테 손 뗄 거야' 하려고 해도 잘 안 될 거예요. 왜냐하면 이미 죄책감 느끼고 계시잖아요. 엄마를 돌보는 게 오히려 마음 편하잖아요. 그럼 하십시오. 하지만 조금 거리

박상미의 가족 상담소

를 두고 조금 덜 하십시오. 내 불행이 행복보다 더 크다면 좀 멈추고 거리를 두십시오. 내가 불행하면 엄마한테 좋은 말이 안 나오고 웃으면서 대하기도 어렵습니다. 내 행복이 우선이 될 때, 마음의 여유가 생길 때 엄마한테도 웃으면서 너그럽게 대할 수 있을 거예요.

이제는 우리가 노인이 되어가는 부모님을 다시 키울 차례가 왔습니다. 나까지도 돌아선다면 엄마가 어떨까 생각해보세요. 너무 불쌍하고 죄책감 때문에 못 견딜 것 같나요? 그럼 하셔야 해요. 그렇다면 내 마음에 힘이 있어야 해요. 나의 행복도 좀 챙기십시오. 엄마가 지금 나에게 이렇게 대하는 것들로 너무 섭섭해하잖아요. 그건 엄마의 상처 때문입니다. 엄마도 어쩌면 엄마의 엄마에게 따뜻한 위로와 칭찬을 못 받아봤기 때문에 딸에게도 못하고 있는 겁니다.

너무 힘들 때는 잠시 멈추기

이제부터 나를 위한 시간을 좀 더 가져보십시오. 그리고 너무 힘들 때는 멈추고 형제들에게도 좀 나누자고 말해야 합니다. 나 혼자 다 하려고 하지 마세요. 내가 불행할수록 엄마에게도 불행의 감정이 전염될 겁니다. 내가 행복하고 여유가 있을 때 엄마에게 진심으로 웃어주고 엄마를 조금 더 포용할 수 있습니다.

다 아는데도 정말 참기 힘든 순간에는 어떻게 해야 하나요? 알아도 참기 어려울 때가 있지요. 우리는 모든 부모님이 사랑으로 자녀를 대해야 하고 포용력이 있어야 하고 너그러워야 한다는 환상을 가지고 있지만 사실은 굉장히 미성숙한 부모님들도 많으세요. 어린 시절 부모에게 진정한 존중과 사랑을 못 받아보신 분들은 자기의 상처를 자식에게 그대로 대물림하면서 살고 계십니다.

그럴 때 우리는 너무나 참기가 힘듭니다. 나는 왜 부모에게 이런 존중을 못 받을까? 자괴감이 들고 모든 인간관계에 대한 자신감이 없어지지요. 착한 자녀들을 보면 나의 상처를 한 번도 부모님에게 말해보지 못한 경우가 많습니다.

그런데 정말 화가 날 때 같이 화내고 싸우면 어떻게 될까요? 정말 후회되는 말을 쏟으며 서로에게 너무나 큰 상처를 주게 됩니다. 그건 우리가 원하는 것이 아닙니다.

그때는 그 자리를 피하십시오. 60세가 넘어가면 감정 조절 훈련이 안 된 분들은 하기가 더 힘듭니다. 그때는 우선 그 자리를 피하고, 감정을 가라앉히고 이성적인 생각을 충분히 할 수 있는 한 시간 정도를 갖는 게 가장 좋습니다.

한 시간 정도 지난 뒤 대화하는 겁니다.

"엄마는 이래서 나한테 화가 났죠? 이래서 엄마 속상하죠?"

박상미의 가족 상담소

먼저 공감해주세요.

"그런데 엄마, 내가 어릴 때부터 혼자 너무 많이 희생하다 보니깐 마음이 너무 아파요. 엄마도 나를 존중해주고 이런 식으로 대화해줬으면 좋겠어요."

소망을 한번 표현해보십시오.

제가 어떤 부모를 만나 봐도 자식을 사랑하는 마음, 자식에 대한 미안한 마음 없는 부모는 없더라고요. 그래서 어린아이를 달래듯이 대화를 시도해보시는 게 오히려 관계를 지키는 길이 될 것 같습니다. 잠깐 참고 그 자리를 피하는 용기를 먼저 내보세요.

중요한 것은 경청과 공감입니다.
공감하는 말, 동조하는 말로 잘 들어주면 우리의 묵은 감정은 풀릴 수 있습니다.
이전보다 더 뜨겁게 사랑할 수 있습니다.

PART 2

가족,
치유가 필요하다

07

이젠 가족을
공부해야 할 시간

부부끼리 잘 살고 싶은데 장애물이 많습니다. 부부에겐 서로의
가족이 있습니다. 우리는 25년에서 30년, 많게는 35년까지 각자의
가족과 함께 살다가 뒤늦게 만나서 하나가 되었습니다. 우리 둘
이 잘 지내는 것도 힘든데 양쪽 가족이 잘 지내는 것이 쉬울까요?
잘 지내는 게 기적입니다.

고부 갈등, 장서 갈등은 지겨운 주제이기도 합니다. 하지만 끝
나지 않는 갈등이기도 합니다. 그래서 함께 공부하고 고민하는
시간이 필요합니다.

박상미의 가족 상담소

너무 섭섭하다고 말해도 돼요

저희 아내는 친정 식구들과 모여서 휴가 가고 노는 건 엄청 좋아해요. 그런데 시댁 식구들은 1년에 두 번 만나는데도 그걸 싫어해요. 너무 섭섭합니다.

이분은 화가 난다고 하지 않고 섭섭하다고 했어요. 이것만으로도 참 좋은 남편입니다. 원래 내 가족이 더 편합니다. 그리고 남자들보다 여자들이 가족과 함께 노는 걸 좋아합니다. 아무래도 시댁 식구는 좀 불편하지요. 그런데 아내가 너무 티를 냈나 봅니다.

섭섭하다는 말을 아내에게 해본 적 있으세요? 한번 해보세요. 어쩌면 아내가 시댁 식구들이 불편해서 그랬을 수도 있겠지만, 남편이 아무 말도 안 하니까 '내 남편도 처가 식구들이 더 편하고 좋은가 보다'라고 오해하고 있을 수도 있어요.

실제로 저도 친구들 모임에 나가 보면 늘 친정 식구들과 휴가를 떠나고 많은 시간을 보내는 친구들이 있어요. "혹시 네 남편은 불만 없어? 아무 말 안 해?"라고 물어보면 "우리 신랑은 자기 가족보다 우리 가족하고 노는 걸 더 좋아하는 것 같아"라고 말합니다. '같아'는 추측이에요. 아닐 수도 있습니다.

우리는 앞에서 사위들의 섭섭함, 사위들의 고민을 들어봤습니다. 말을 못 해서 속으로 끙끙 앓는 사람들도 있었습니다. 내 남편도 그럴 수 있습니다.

항상 서로의 입장에서 가족을 바라보는 연습을 하면 좋겠습니다. 남자들이 무덤덤해서 가족애를 표현하지 않을 뿐이지 자기 가족이랑 노는 걸 좋아해요.

휴가를 시댁 식구들과 함께 가자고 권하는 간 큰 남자는 대한 민국에 별로 없습니다. 내 아내가 먼저 말해주길 기다리는 남자 들은 있겠죠. 우리 반반, 좀 공평하게 해볼까요. 여기에 대해서 부부들이 대화를 좀 나눌 수 있으면 좋겠습니다.

가족 관계 살리는 '맞장구'의 요법

저는 시부모님은 좋은데, 형님 때문에 고통이에요. 시어머니도 야단을 안 치시는데 시어머니 훈계를 형님이 다 하세요. 그런데 남편은 형님 편을 듭니다. 저만 왕따가 된 기분입니다.

이 집은 시부모님이 되게 좋으시네요. 시부모님이 좋다고 말하는 며느리는 드물거든요. 좋은 환경이네요. 그런데 형님이 동서를 시집살이시키고 있네요. 남편은 아마 잘 지내고 싶은 욕구 때문에 형님 편을 들었을 겁니다. 형님 가족과 우리 가족이 멀어질까 봐 두려워서 그랬을 겁니다.

내 남편은 내가 선택했고, 시부모님은 내가 선택한 이 남자와 피를 나눈 분들이기 때문에 시부모님께는 잘하려고 노력하면 좋죠. 갈등이 생겨도 풀려고 노력하는 게 맞습니다.

그런데 형님은 내가 선택했나요? 내 남편이랑 피가 섞였나요? 아니에요. 이 며느리 입장에서는 정서적으로도 가장 먼 사람이 형님일 수 있습니다. 내가 선택하지도 않았고, 단지 내 남편의 형이 선택한 배우자일 뿐입니다. 그런데 아내한테 그 형님 시집살이까지 요구하는 건 너무 가혹해요. 형수님 편을 든다고 우리 가족이 화목해지는 게 아니에요.

오히려 내 아내의 고충을 들어주고 "그래 맞아. 내가 봐도 형수님이 좀 심해" 하며 맞장구 쳐주세요. 여자들은 내 마음에 공감해주고 맞장구 쳐주는 사람에게 베풀고 싶어져요. '그래. 내가 한 번 참아줄게' 하고 남편을 위해서 한 번쯤 더 참아줄 수 있다는 거죠.

유치한 싸움은 그만 '그 입 다물라'

결혼할 때 집은 남편이 샀지만 지금 연봉은 제가 높습니다. 그런데 부부 싸움을 하면 남편이 가장 먼저 하는 말이 "내 집에서 나가"입니다. 시부모님이 만날 저희 집에 오셔서 "아이고, 우리 아들 고생이 너무 많다. 왜 이렇게 살이 빠졌어?" 이런 말을 하실 때도 저는 듣기 싫어요. 그리고요, 제일 싫은 말은 지금 집값이 얼마냐고 계속 물어보실 때입니다. 남편은 집값이 오를수록 기세가 등등해집니다. 시부모님이 제 남편의 기를 너무 살려줘서 이런 것 같습니다.

정말 마음이 많이 상하셨겠어요. 부부 사이에 결코 하지 않아야 할 말이 있습니다. 결혼한 그 순간부터 '결혼할 때 네가 무엇을 가지고 왔고, 내가 무엇을 샀다' 같은 유치한 말은 안 하는 거예요. 결혼한 그 순간부터 모든 재산은 공동재산입니다. 가정법원 재판에서도 인정하는 걸 왜 부부가 인정하지 않는 거지요?

그리고 시부모님의 말씀도 잘 해석해서 들으면 속상한 요소가 없어요. "내 아들, 고생 많네"라는 말은 격려의 말, "내 아들, 살 빠진 것 같다"는 말은 '밥 잘 챙겨먹으라'는 말입니다. 부모님들은 가끔 보면 무조건 자식이 살 빠진 것처럼 보인대요. 더 건강해진 모습을 바라기 때문에 똑같은 모습을 유지하고 있는데도 '살 빠졌다' 이런 말씀들을 하십니다. 또한 내 자녀의 재산이 증식되는 것, 부모님의 기쁨입니다. 그래서 "집값 올랐냐? 얼마 올랐냐? 아이고, 많이 올랐네"라며 진심으로 기뻐하는 거예요.

그런데 부부 사이에 갈등이 많고 자주 싸움을 하다 보면 시부모님이 하는 한마디, 한마디가 며느리들의 마음에는 의도한, 상처 주기 위한 비난으로 해석될 때가 많습니다. 사위들도 장인, 장모님의 말이 자꾸 상처가 되는 말, 나를 무시하는 말로 들릴 때는 사실 부부 관계가 나쁠 때예요. 우리 부부가 사이가 좋다면 그렇게 들리지 않습니다. 그래서 부모님들은 오히려 억울합니다. 우리 부부가 소통을 잘할 때 우리 부모님도 억울하지 않다는 것, 기억해주세요.

자식과 멋지게 이별하는 법

이런 말이 있습니다.

'효자와는 살아도 마마보이와는 살기 어렵다.'

'효녀와는 살아도 마마걸과는 살기 어렵다.'

무슨 뜻일까요?

우리는 결혼을 하는 순간 자기가 속해 있던 가족으로부터 떨어져 나와서 새로운 지구 하나를 만듭니다. 새로운 지구를 탄생시킨 거예요. 원가족은 위성일 뿐입니다.

효자, 효녀는 나의 지구를 잘 지키면서 위성 관리도 잘하는 사람들입니다. 그런데 마마보이, 마마걸은 내가 탄생시킨 지구는 방치해두고 원가족한테만 잘하는 사람들입니다. 그러면 우리가 탄생시킨 이 지구는 병들어갈 수 있습니다.

마마보이가 되지 말고 효자가 되십시오. 마마걸이 되지 말고 효녀가 되십시오. 그리고 서로에게 박수쳐주세요.

"당신 참 효자야."

"당신 참 효녀야."

이렇게 칭찬해줄 수 있는 부부가 서로를 존중하면서 잘 살아갈 수도 있습니다. 결혼과 동시에 나의 최고는, 나의 편은 무조건 내 배우자여야 합니다.

타인과 타인이 만났기 때문에 서로에 대한 믿음과 동지애 없이는 아이를 잘 키우면서 살기 어렵습니다. '무조건 내 배우자가 최우선이다'라는 룰을 정하십시오. 그리고 부모님은 각자가 잘 보살피면 좋겠습니다. 내 부모님께 내가 잘하기, 그러면 갈등을 훨씬 줄일 수 있어요.

그런데 더 좋은 게 뭔지 아세요? 바꿔서 하는 거예요. 서로의 부모를 챙겨주는 것입니다. 가성비 높은 효도의 방법입니다.

이렇게 해서 우리가 얻는 이득이 무엇이냐면, 배우자를 더 사랑하게 됩니다. 배우자에게 더 고마워하게 됩니다.

"우리 부모님 잘 챙겨줘서 고마워."

우리가 더 사랑하면서 잘 지내려면 지혜가 필요합니다. 서로 '고마워'라는 말을 많이 할 수 있는 분위기와 배경을 스스로 만들어내는 노력을 잊지 마세요.

요즘 부모님들이 이 말 정말 자주 하십니다.

"너네끼리 잘 살면 된다. 우리는 신경 쓰지 마라."

말만 이렇게 하고 섭섭해하는 부모님들이 많습니다. 하지만 그렇게 선포하셨다면 진짜 그렇게 행동하십시오. 그 둘이 잘 살면 다 이룬 겁니다. 좀 섭섭한 거는 감수해도 됩니다. 왜냐하면 이제 부부의 인생을 살 때니까요. 자식이 내 인생의 보상이라고 생각하지 마십시오. 그러면 죽는 날까지 섭섭해서 살 수가 없습니다. 자식이 내 인생을 보상해줄 수 없습니다.

내 인생을 보상해주고 내 인생을 행복하게 해주는 건 나와 내 배우자입니다. 우리의 노년을 즐기는 데 집중하십시오. '섭섭해 하지 말고 독립된 가정으로 인정해주고 나 또한 독립된 삶을 살아가자' 이렇게 마음먹어야 잘 지낼 수 있습니다. 아들이 장가 간 그 순간 아들을 며느리에게 완전히 떠나보내고 나는 내 인생을 찾아야 됩니다. 내 딸을 시집보낸 그 순간 사위에게 내 딸의 행복을 다 맡기십시오. 내 딸의 엄마로 살지 말고 나의 인생을 사는 것이 모두의 행복도를 높일 수 있는 방법입니다.

우리는 이제 경쟁 관계가 아니라 응원군으로서 부모가 되어주어야 합니다. 내 며느리를 질투하고 사위를 못마땅히 여기는 마음을 버리고 저 아이들이 앞으로 잘 살 수 있도록 응원군이 되겠다는 마음을 먹을 때 처가와 사위의 갈등, 시댁과 며느리의 갈등이 없어집니다. 이 이야기들을 우리 집에 적용해보고 조금씩 변화를 위한 용기를 내보십시오.

08

상처를 치유하는
가족의 비결

우리 가족이 화해하고 더 잘 지내려면 다른 가족의 사례를 보고 배우면 됩니다. 다른 가족들은 어떤 아픔을 겪었고 어떤 과정을 통해서 회복으로 나아갔는지 함께 나누면서 우리 가족의 희망을 찾아보겠습니다.

부모도 자식에게 진심으로 사과하세요

부모님은 화해를 원하지만 자식의 상처가 치유되지 않아서 힘들어하는 사례 먼저 보겠습니다.

엄마가 상담을 신청해서 오게 된 가족의 사례입니다. 엄마는 작년에 분가한 34세 우리 딸이 대인관계 문제로 힘들어한다, 도와달라며 찾아오셨고, 딸은 엄마에게서 받은 상처가 너무 커서 당분간 보고 싶지 않다고 말했습니다. 부모님은 너무 원망스러워서 안 보고 싶은데 마음에 계속 일어나는 죄책감 때문에 괴로워하고 있었지요. 이 여성은 아주 미인이었어요. 그런데 30대가 될 때까지 연애를 한 번도 안 해봤다는 겁니다. 연애라는 단어 자체가 공포라고 했습니다. 그 이야기를 들어보니 이런 사정이 있었습니다.

어린 시절 아버지의 외도 때문에 엄마가 만날 집에서 울었다는 겁니다. 자존심이 강한 엄마는 외부에 가족 문제를 일절 알리지 않았지만, 대신에 가장 착한 둘째 딸을 붙잡고 매일 하소연했던 거지요. 그리고 "네가 엄마를 도와줘. 엄마 편이 되어줘"라고 호소하기 시작합니다. 엄마는 딸을 친구이자 상담자이자 협력자라고 생각했던 것입니다. 그때 이 딸은 몇 살이었을까요? 중학교 2학년, 15세였습니다.

놀랍게도 상담을 하다 보면 우리 집, 우리 부부의 문제를 바깥 사람들에게 말하는 것은 자존심 상해서 자녀를 붙들고 얘기하는 엄마들이 꽤 있습니다. "내 아이가 어른스러워서 아이를 친구처럼 생각했어요"라고 말하지만 그건 그 엄마의 착각입니다. 어떤 경우에도 아이는 아이일 뿐이니까요. 이 엄마는 남편의 내연녀들을 만나서 담판을 지을 때도 딸을 데리고 나갑니다. 그리고 자기가 그 내연녀에게 불륜 사실을 취조하고 원망의 말을 쏟아낼 때 옆에 앉아 있으라고 합니다.

"엄마 혼자 있으면 너무 떨리니까 네가 옆에 앉아 있어줘. 그리고 엄마의 말문이 막히면 네가 엄마를 거들어줘야 돼."

이 여성은 15세 때부터 자기 나이대로 살지 못했습니다. 엄마의 고민 상담자이자 친구, 아버지의 외도 감시자로 살았어요. 이 딸이 곁에 있어서 어머니는 가정을 유지할 수 있었고요. 그리고 딸은 남녀 관계와 결혼에 대한 부정적인 사고가 확고해졌습니다. 모든 남녀가 사랑해서 결혼하더라도 배우자가 외도할 수 있고, 그러다 보면 배우자와 불륜의 관계에 있는 사람을 만날 수도 있고, 자식까지 괴로운 상태에 빠뜨릴 수도 있다는 생각을 하게 되면서 연애와 사랑에 대한 기대를 상실한 것이지요. 누군가 자기를 좋아한다고 고백하면 도망치기부터 했습니다. 왜냐하면 나의 자리에 엄마가 겹쳐지고 아빠의 자리에 그 남자가 겹쳐졌기 때문입니다. 안타까운 것은, 부모님은 이 딸의 고통을 전혀 짐작하지 못했다는 거예요.

지금이라도 이 딸의 아픔을 부모님이 알고 잘 들어주고 진심으로 사과하시기를 요청했습니다. 다행히 부모님은 귀를 열고 들어주셨고, 그때 내가 너무 무지해서 몰랐다고 딸에게 진심으로 끊임없이 눈물의 사과를 했습니다. 딸의 상처는 아직 다 치유되지

박상미의 가족 상담소

는 못했습니다. 하지만 이제는 서로 연락하고 지내며 노력해보기로 약속하는 단계까지는 나아갔습니다. 시간이 좀 걸리겠지만 희망이 보입니다. 왜냐하면 가족 중에서 상처를 준 사람이 진심으로 사과할 때, 우리는 진짜 화해와 용서로 나아갈 수 있기 때문입니다.

화해의 기적을 부르는 경청과 공감

두 번째 사례입니다. 자녀의 간절한 소망이 화해를 이끌어낸 사례입니다.

상담실에 모녀가 앉아 있습니다. 딸은 엄마와 같은 집에 살지만 문자로만 대화한 지 3년이 넘었고, 10세 이후로는 엄마와 스킨십을 해본 기억이 없다고 말했습니다. 상담실에 함께 차를 타고 오는 30분의 동행도 견딜 수 없어서 딸은 버스를 타고 오고 엄마는 택시를 타고 왔습니다. 이렇게 서로가 힘든데 상담은 어떻게 신청하게 되었는지 물었습니다. 딸이 말했습니다.

"곧 유학을 떠납니다. 그런데 이대로 살다간 가슴이 터져서 죽을 것만 같아서요. 부모님은 제게 큰 상처만 주셨어요. 관계 정리를 하고 떠나고 싶었어요. 그런데 저희 엄마는 제가 왜 이렇게 아픈지 아마 전혀 모를걸요? 아버지가 아주 폭력적이었어요. 저는 자라는 내내 많이 맞았어요. 안 맞으려고 방문을 잠그면 아빠는 방문을 부쉈어요. 그리고 경찰을 불렀어요. '네 성격이 통제가 안 되니까 경찰한테 한번 혼나봐라.' 아빠는 이렇게 말하셨어요. 제 편은 아무도 없었어요. 더 나쁜 건 엄마예요. 제 고통을 방관했기 때문이에요. 무려 30년 동안 엄마는 방관자였습니다."

엄마는 딸의 말을 듣는 동안 눈물만 흘리셨습니다.

그래서 제가 요청했습니다.

"부모님에 대한 감정을 단어로 표현해볼 수 있겠어요?"

테이블에 펼쳐놓은 감정 단어 카드를 한참 들여다보던 30세의 딸은 그중에 세 장의 카드를 뽑았습니다. 아빠에 대한 감정은 위협, 고통이었고, 엄마에 대한 감정은 배신감이었습니다.

"아빠는 나를 위협하고 고통을 주는 존재였어요. 화해의 가능성은 없어요. 엄마는 나를 한 번도 보호해주지 않아서 배신감이 들었어요."

이번엔 엄마에게 딸에 대한 감정을 골라보시라고 권했습니다. 엄마는 두 장의 카드를 골랐습니다. 미안함과 죄책감이었어요. 그 순간 딸이 가슴을 움켜쥐고 울기 시작했습니다.

이번엔 욕구 카드에서 나의 욕구를 골라보도록 권했습니다. 딸은 형벌과 공감을 골랐고 엄마는 화해를 골랐습니다.

"아빠는 정말 벌 받았으면 좋겠어요. 엄마는 말로 표현하기 싫어요."

그때 엄마가 어렵게 말문을 열었습니다.

"용서해줘. 네 마음이 이런 줄 몰랐어. 엄마도 아빠의 불같은 성격이 너무 무서웠어. 늦었지만 지금이라도, 지금부터라도 내가 네 편이 되어줄게. 내가 네 마음을 공감해줄게. 엄마가 노력할게. 제발 용서해줘."

그때 두 사람은 저를 바라보고 앉아서 어린아이처럼 통곡했습니다. 두 사람이 서로 바라볼 용기는 나지 않았던 것이지요.

"한 번도 서로가 진심으로 원하는 걸 말해보고 행동하지 못했을 뿐이에요. 이제 용기를 내서 구체적으로 실천하면 됩니다. 두 분 서로 마주 보세요. 엄마한테 진심으로 내가 원하는 걸 한번 말해보시겠어요?"라고 권했을 때 딸이 울면서 엄마를 바라보면서 말합니다.

"엄마, 한 번만 안아줘."

두 사람은 20년 만에 끌어안고 통곡했습니다. "미안해, 미안해"를 반복하면서 말이지요. 이렇게 오래된 상처, 묵은 상처가 단 하루 만에 풀리기도 합니다. 서로 마주 앉아 눈을 바라보며 대화해보지 않았던 탓에 서로의 마음을 오해하거나 몰라서 화답해주지 못했던 것입니다.

우리 가족에게도 비슷한 경험이 있나요? 더 아픈 경험이 있나요? 괜찮습니다. 다른 가정이 회복된 사례를 듣는 것만으로도 우리 가정의 회복을 앞당길 수 있습니다.

세 번째 사례입니다. 삼 남매를 다 키운 뒤, 삼 남매가 결혼하고 나면 우리 반드시 이혼하자고 약속한 50대 후반 부부의 이야기입니다. 남편은 부부 상담을 와서 이렇게 말합니다.

"아니, 셋째가 결혼하고 나면 이혼하기로 했으니 그냥 하면 되는데, 자식들이 우리를 못살게 굴어서 형식적으로 왔습니다. 그러니까 선생님 너무 힘 빼지 마세요. 우린 이혼할 겁니다."

그런데 아내분은 눈에 눈물을 머금고 남편으로부터 등을 45도 돌리고 앉아 계셨습니다. 아내 마음에 묵은 상처가 많다는 걸 느낄 수 있었지요. 먼저 남편분에게 물었습니다.

"어떤 이유 때문에 이혼하고 싶으세요?"

남편분이 말씀하셨어요.

"우리가 30년을 함께 사는 동안 나는 아내가 나를 너무 무시해서 하루하루가 고통스러웠어요. 제가 담배를 피우면 담배 냄새가 난다고 야단치고 제가 마늘을 먹으면 입에서 마늘 냄새가 난다고 야단치고 아침에 화장실에서 변을 보면 온종일 집에서 냄새가 난다고 회사에 가서 변을 보라고 했습니다. 30년 동안 같이 사는 아내에게 냄새난다는 타박을 매일 들은 제가 더 이상 같이 살고 싶겠습니까? 저는 이제 정말 자유롭게 편하게 살고 싶습니다. 제발 이혼할 수 있게 도와주세요."

아내분께 차례를 옮겨드렸습니다.

"아내분, 왜 이혼이 하고 싶은지 말씀해보시겠어요?"

박상미의 가족 상담소

아내분은 아무 말씀도 없이 눈을 감고 앉아 계셨습니다. 그래서 아내분께 다시 물었습니다.

"아내분, 어떤 것 때문에 마음의 상처가 이렇게 깊으세요?"

이 말을 들은 순간 아내분은 통곡하기 시작했습니다. 바로 그거였어요. 남편에게 받은 상처가 너무 깊었던 거지요. 그리고 남편에게 너무나 섭섭했던 겁니다.

남편과 아내의 사연은 이렇습니다. 아내는 고졸, 남편분은 아주 유명한 명문대에서 박사 학위를 받은 분이셨습니다. 남편분이 젊을 때 아내의 미모에 반해서 정말 열심히 구애를 해 결혼하게 되었습니다. 그런데 결혼하고 첫 아이를 낳은 순간부터 문제가 발생하기 시작했습니다. 시댁에서 아이의 양육에 있어서 며느리에게 어떠한 권한도 주지 않았던 것입니다. 그리고 남편도 사사건건 아이들 앞에서 "당신이 뭘 안다고? 내가 알아서 할게. 당신은 빠져"라는 말을 했습니다. 아내의 마음이 어땠을까요? 늘 굴욕과 수치심을 느꼈을 것이고 자녀들 앞에서 부끄러웠을 겁니다.

그래서 저는 아내분과 남편분에게 숙제를 내어드렸습니다.

"내 배우자의 장점 10개, 단점 10개를 써오세요."

첫 주에 숙제를 해왔을 때 두 사람 다 단점 10개를 꼭꼭 채웠고 장점은 없다고 써왔습니다. 남편은 없다고 써왔고 아내는 백지를 가지고 왔습니다. 이 아내의 마음은 무엇일까요? 남편이 내 마음을 공감해주고 사과해주기를 바라는 마음이지요.

아내분을 개인적으로 상담하면서 이 마음을 다 알아낸 다음에 남편분을 따로 만났습니다. "아내가 이런 상처를 갖고 계시다는 거 알고 있으셨나요? 아내가 이런 점들 때문에 섭섭해하고 있다는 거 알고 있으셨나요?"라고 물었는데 남편분은 전혀 모르고 계셨습니다. 그래서 저는 남편분께 일주일 동안 아내의 상처에 대해서만 깊이 생각해보고 돌아오시라는 숙제를 내어드렸습니다.

일주일 뒤에 두 분이 만났을 때 어떻게 되었을까요? 남편분이 아내분께 말씀하셨습니다.

"말을 하지."

그랬더니 아내분이 "그걸 꼭 말해야 알아?"라고 말씀하셨어요.

저는 두 분이 눈을 마주 보고 손을 잡고 앉으시기를 권유했습니다. 시간이 오래 걸렸지만 두 분은 손을 잡고 마주 앉으셨어요. 남편분에게 물었습니다.

"아내의 모습이 어떤 모습으로 보이나요?"

그랬더니 남편분이 말씀하셨어요.

"예쁜데 같이 사는 동안 예쁘다는 말을 한 번도 안 했네요."

아내분은 대성통곡을 하셨습니다.

이번엔 아내분에게 물었습니다.

"남편분의 어떤 모습이 보이세요?"

"저한테 만날 혼나서 기죽어 있는 남자의 모습이 보이네요."

아내도 울고 남편분도 눈물을 흘리셨어요. 다음 주에 기적이 일어났습니다. 두 분 다 숙제를 해오셨어요. 장점 10개를 채워오셨는데요, 남편분은 "내 아내는 늙었지만 미인이다"라고 써오셨습니다. 아내분은 첫 번째 장점으로 "내 남편은 장이 튼튼해서 매일 변을 본다." 이렇게 써오셨어요. 그렇게 싫었던 건 남편의 냄새가 아니라 내 마음을 몰라주는 남편의 마음이었던 거지요. 두 부부는 이제 아주 행복한 노년을 함께 준비하고 계신답니다.

이렇듯 30년 묵은 감정, 상처를 품고도 서로 마주 보고 앉아서 대화를 하면 화해의 길로 나아가는 가정을 많이 보았습니다. 제일 중요한 것은 경청과 공감입니다. 서로를 죽이는 대화를 버리고 우리 관계를 살리는 대화를 하기 위해서는 먼저 상대가 하는 말을 참고 잘 들어줘야 합니다.

내 감정을 이해시키기 위해서 말을 많이 하고 싶으시지요? 그게 아니라고, 오해라고 말하고 싶지요? 우선 참으세요. 상대의 말을 충분히 들어주어야만 상처 입은 마음의 문이 열립니다.

상대의 말을 들을 때는 상당한 인내심이 필요합니다. 하지만 명심하세요. 상대의 말을 자르지 않고 공감하는 말, 동조하는 말로 잘 들어주면 우리의 묵은 감정이 풀릴 수 있습니다. 풀릴 것 같지 않은 꼬인 매듭도 반드시 풀릴 수 있고, 영원히 닫혀 있을 것 같은 문도 열립니다. 화해를 경험하고 나면 이전보다 더 뜨겁게 사랑할 수 있습니다.

09

최고의 유산,
긍정 유전자

나이 들수록 우리는 내 부모를 닮아갑니다. 외모만 닮을까요? 다음 네 가지를 꼭 기억하세요. 말, 행동, 생각하는 습관 그리고 좋은 감정을 선택하는 능력입니다. 긍정 유전자는 최소 3대 대물림이 됩니다. 내가 변하면 내 아이가 변하고 최소 3대 대물림됩니다. 희망이 보이지 않으십니까?

행복과 불행은 한 끗 차이

아이들을 키우려 하지 말고 응원을 잘 해주는 친구 같은 상담자가 되어주면 세상의 모든 아이들은 잘 자랍니다. 내 자녀에게

닮고 싶은 존재로 살고 계십니까? 그렇지 못했다고요? 괜찮습니다. 이 순간부터 변화하면 됩니다. 오늘 내가 변하면 우리 집안 대대손손 긍정의 유전자를 물려줄 수 있다 생각해보세요. 책임감이 느껴지실 겁니다.

모든 생명체는 행동으로 자식을 가르치는데, 지구상에 한 생명체만 입으로 자녀를 가르친다고 합니다. 이 생명체의 이름은 무엇일까요? 바로 인간입니다. 나는 혹시 말로만, 입으로만, 너무 많은 잔소리로만 내 자녀를 키우고 있는 건 아닐까 한번 점검해보세요. 행동으로 자식을 가르칠 때 내 자녀는 나보다 훨씬 더 나은 사람으로 성장할 수 있다는 것만 기억하면 됩니다.

인생을 행복하게 성공적으로 살고 있는 사람들은 한결같이 "운이 좋았어요. 나는 인복이 많아요. 고난이 닥쳐와도 금방 해결됐어요"라고 말합니다. 이분들 인생에 행운만 많았던 건 아닙니다. 불행도 많았지만 '긍정적으로 해석하는 능력'이 탁월했던 것이지요. 아홉 번의 불행에 집중하는 것이 아니라 한 번의 행운에 집중하고 "나는 역시 운이 좋아"라고 말할 줄 아는 사람이었고요, 내가 만난 아홉 명의 나쁜 사람들 때문에 인생에 대한 불평이 많은 것이 아니라 내가 만난 한 사람, 나에게 큰 도움을 준 한 사람에게 은혜를 갚으면서 "나는 인복이 너무 좋아"라고 감탄할 줄 아는 사람이었습니다. 그들의 인생에 고난이 닥쳐오지 않았던 것이 아니라 고난이 닥쳐와도 그 고난 속에서 일어서는 방법을 빨리 깨우

친 것이었습니다.

부모가 이런 유전자를 가진 사람이라면 아이들은 부모를 닮은 사람, 더 나은 사람으로 성장할 수밖에 없습니다. "난 왜 이렇게 운이 나쁠까. 난 하는 일마다 되는 일이 없어. 내 인생도 망했는데 너까지 대체 왜 이러니"와 같은 말을 하는 부모 밑에서 자라는 아이들은 어떨까요? 부정을 학습하게 됩니다. 좌절을 학습하게 됩니다. 남 탓하는 능력을 갖게 됩니다. 불행의 유전자를 물려받은 아이들은 후대에 더 강력한 부정을 전하게 될 것입니다. 최소 3대! 그래서 우리는 불행 속에서도 행운을 발견할 줄 알아야 하고, 수많은 힘든 인간관계 속에서도 좋은 인간관계를 발견해서 "인복이 좋아"라고 말할 수 있어야 합니다.

좋은 감정, 긍정적인 생각을 선택하는 능력이 탁월한 사람들이 마침내 성공하고 꿈을 이룰 수 있습니다.

'긍정이 긍정을 부르고 행복이 행복을 부른다!'

사람은 똑같은 상황에서도 정말 다른 행동, 다른 생각을 하더라고요. 시고 쓴 레몬을 받았을 때 "이걸 어떻게 먹어?" 하고 인상 찌푸리면서 버리는 사람이 있는가 하면, 달콤한 설탕에 잘 재워서 레모네이드를 만들어 먹는 사람이 있습니다. 아주 떫은 감, 먹어본 적이 있으시지요? 누군가 나에게 떫은 감을 줬을 때 "이렇게 떫은 감을 어떻게 먹어?" 하고 버리는 사람이 있는가 하면 잘 삭혀서 단감을 만들어내는 사람도 있다는 거지요.

박상미의 가족 상담소

이 능력은 나 스스로 키워서 자녀에게 대물림해줄 수 있는 긍정의 능력입니다. 나에게 쓰고 신 레몬이 있다면, 나에게 떫고 떫은 감이 있다면 나는 그걸로 무엇을 만드는 사람입니까? 감정 조율을 잘하고 긍정을 선택하는 능력만 뛰어나도 우리는 인생을 성공적으로 잘 살 수 있습니다.

긍정 유전자를 창조하고 대물림하는 법

우리 뇌는 감정을 조율하고 긍정을 선택하는 데 6초의 시간만 있으면 충분합니다. 6초 호흡법은 긍정을 선택하는 능력을 키우는 가장 중요한 연습이기도 합니다. 4세, 5세 아이들도 이 호흡법을 일찍부터 익히면 침착하고 감정 조율을 잘하는 아이들로 성장할 수 있습니다.

우리는 안 좋은 감정을 자극받았을 때 화도 나고 짜증도 납니다. 처음엔 우리 뇌의 편도체에서 그 감정을 접수합니다. 본능의 뇌라고 하는데요, 반응하는 데 3초가 걸립니다. 자극받은 대로 욕하거나 짜증 내거나 때릴 수 있는 거지요. 그런데, 나에게 6초만 시간을 주면 대뇌피질이 심장과 폐를 다스리기 시작합니다. 대뇌피질은 이성의 뇌라고 합니다. 이 이성의 뇌가 '심장, 왜 그렇게 흥분했어. 심장, 천천히 뛰어. 가라앉아', '폐야, 너 왜 그렇

게 숨을 거칠게 쉬니? 잠잠해져라. 잠잠해져라' 하고 명령을 내리는 데 6초밖에 걸리지 않는다는 거지요.

저는 교도소와 소년원에서 9년째 교육을 하고 있습니다. 한번은 판사님들과 함께 살인이 일어나는 데 얼마의 시간이 걸리는지를 토론한 적이 있습니다. '평생의 원한이 쌓이고 쌓여서 살인이 일어난 게 아닐까'라고 생각을 했는데요, 판사님들은 다르게 답하셨습니다. 대부분의 살인은 우발적 살인이고 욱하는 마음을 조율하지 못해서 충동적으로 일어나는 일이라는 거지요. "살인이 일어나는 데는 6초면 충분합니다"라고 말씀하시더라고요.

우리는 안 좋은 감정이 엄습해왔을 때 크게 숨을 쉬는 능력을 기르는 것만으로도 내 인생에 일어나는 큰 사고를 예방할 수 있습니다. 아이와 함께 있다면 아이와 손을 맞잡고 한번 해보십시오.

그럼 지금부터 숨 쉬는 연습을 해보실까요. 눈을 감고 허리를 쭉 펴고 앉으십시오. 그리고 숨을 들이마실 때는 입을 다무세요. 3초 동안 코로만 깊게 배가 불룩 나오도록 들이마십니다. 그리고 뱉을 때는 입을 살짝 벌리고 입으로 후 하고 내뱉습니다. 내 마음에 있는 감정의 독소를 다 토해낸다는 기분으로 후 하고 뱉으면 좋습니다. 이게 바로 호흡 명상입니다. 가만히 앉아서 공부를 할 때, 문제를 풀 때, 그리고 글을 쓸 때 6초 호흡법으로 숨을 쉬어보세요. 마음이 편해지고 집중력도 높아집니다. 6초 호흡을 할 때 우리 뇌에서 행복 호르몬 세로토닌도 많이 나온다는 걸 기억하세요.

내 가족과 갑자기 감정이 상했나요?

갑자기 내 입에서 안 좋은 말이 나오려고 하나요?

그때는 말해야 될 때가 아니라 호흡해야 할 때입니다. 잠깐 멈추고 6초 호흡하세요.

내 아이가 요즘 너무 짜증 내고 화를 내나요? "이 자식이 어디 아빠 앞에서!"라고 야단치실 건가요? "어디 엄마 앞에서 버릇없이!"라고 소리 지르실 건가요? 그래봤자 아이는 하나도 변하지 않습니다. 오히려 아이에게 "자꾸 짜증이 나? 자꾸 화가 나? 엄마랑 같이 숨 쉬자. 아빠랑 같이 숨 쉬자. 호흡하고 나면 마음이 좀 가라앉을 거야. 그다음에 우리 함께 얘기해볼까?" 하며 같이 숨 쉬어야 될 때입니다.

안 좋은 감정이 생긴 순간은 대화해야 될 시점이 아니라 숨 쉬어야 할 시점입니다. 이 호흡법을 평생의 습관으로 내 몸에 익히세요. 천성보다 후천적인 습관이 10배 힘이 셉니다. 6초 호흡법을 나의 호흡 습관으로 몸에 익히면 어떨까요? 늘 감정 조율을 잘하고 좋은 반응을 선택하는 사람이 될 수 있습니다.

심리학에서는 특정 행동을 며칠 동안 매일 반복해야 죽는 날까지 평생 습관으로 몸에 익힐 수 있다고 말할까요? 21일입니다. 3주예요. 3주 동안 가족이 모였을 때 같이 6초 호흡을 해보십시오. 3주 동안 매일 하면 우리 뇌에는 지진이 일어납니다. '오, 이제 호흡 이렇게 해야 하나 봐. 내 주인은 이렇게 숨 쉬는 걸 좋아하나 봐. 해보니깐 좋네?'라는 것을 알게 된다는 거지요. 3주 동안 매일 하면 3개월 동안 유지할 힘이 생깁니다.

3개월 동안 유지하고 나면 애써 노력하지 않아도 평생 그렇게 행동할 수 있게 됩니다. 이런 사소한 작은 습관 하나하나가 내 가족을 변화시키는 큰 원동력이 된다는 것, 꼭 기억하세요. 감정 조율을 잘하고 타인과 소통을 잘하고 항상 긍정적인 생각을 하고 밝게 살아가는 사람들이 마침내 꿈을 이루고 성공한다는 것을 우리는 알고 있습니다.

이제 내 자녀에게도 그것들을 한번 실천해보세요. 내 자식에게 어떤 유전자를 창조해서 물려줄 것인가요? 자존감이 높고 스스로 감정 조율 잘하고 긍정적이고 자신의 일을 잘 해나가는 아이로 키우고 싶다면 잔소리를 멈추세요. 잔소리를 통해서 내 자녀의 행동이 좋게 변할 확률은 0%입니다.

저도 자랄 때 저희 엄마한테 칭찬을 듣지 못했어요. 늘 지적만 받았어요.

"하지 마라. 그러면 안 된다. 이렇게 해야지."

그럴 때는 정말 마음의 힘이 빠졌어요. 마흔 살이 넘어서 엄마한테 물어봤어요.

"엄마, 엄마는 왜 평생 나를 한 번도 칭찬해주지 않았어요?"

저희 엄마가 이렇게 말씀하셨어요.

"그때는 나도 뭘 너무 몰라서 그게 잘 키우는 건 줄 알고 그랬다. 미안하다."

내 아이의 단점을 지적한다고 해서 그 단점이 없어지지는 않습니다. 내 아이의 단점을 줄여주는 가장 좋은 방법은 장점을 발견하는 안경을 쓰고 작은 장점을 발견했을 때 구체적으로 크게 칭찬해주는 것입니다. 그때 아이들은 장점의 파이를 키울 수 있고, 장점의 파이가 커지면 단점의 파이는 점점 더 작아집니다.

단점이 보일 때가 있지요. 저건 꼭 말해줘야 될 때도 있습니다. 다만 짧게 끝내십시오.

"너 그거 엄마가 하지 말랬지", "너 아빠가 그거 하지 말라고 경고했다"가 아닙니다.

"아들, 아빠가 한 부탁을 잊었구나. 자꾸 잊으면 아빠 속상해~."

"딸, 엄마가 네가 먹은 그릇은 싱크대에 갖다 놓아주면 엄마가 참 행복할 것 같다고 말했는데 엄마 부탁 들어주면 안 돼?"

이렇게 말할 때 아이들은 더 빨리 좋은 행동으로 옮겨가더라는 거지요. 우리는 그래서 지혜로운 부모 교육을 받아야 하는 겁니다. 처음 부모가 되어보셨잖아요. 몰라서 못 했잖아요. 그러니까 이제부터 행동하면 됩니다. 그러면 우리 집안 전체의 유전자가 되어서 대물림된다는 걸 기억하십시오.

행동해야 뇌가 따라갑니다. 자아 존중감이 높아져야 뇌가 건강해집니다. 우리 가족 전체의 자아 존중감을 높이는 문장입니다.

'나는 항상 긍정적인 생각을 해.'

'나는 항상 좋은 감정을 선택해.'

'괜찮아. 잘했고, 잘하고 있고, 잘될 거야!'

나에게 이렇게 말하세요.

부모의 자존감이 아이의 자존감이에요. 부모의 자존감이 높으면 아이는 당연히 자존감이 높았어요. 그런데 부모의 자존감이 낮으면 아이의 자존감은 더 낮았어요. 자존감을 높이는 문장을 나 자신에게 하루에 한 번 외쳐주세요.

자신에게 이렇게 말할 수 있는 부모가 내 자녀에게도 "걱정하지 마. 긍정적인 생각해. 그리고 항상 좋은 감정 선택하려고 노력해라. 너의 판단을 믿어. 넌 할 수 있어. 괜찮아. 고생했어. 넌 최선을 다했어"라는 응원의 말을 해줄 수 있습니다. 긍정의 유전자를 창조하고 대물림합시다.

이런 말이 있어요. 제가 아주 좋아하는 명언입니다.

'어려움이란 해결하는 데 시간이 좀 걸리는 일이다. 불가능이란 그것보다 시간이 좀 더 걸리는 일이다.'

이런 말을 해줄 수 있는 부모라면 내 아이를 어떤 어려움 앞에서도 굴하지 않고 오뚝이처럼 바로 일어나는 회복탄력성을 가진 아이로 키울 수 있습니다.

아이들을 응원해주는 친구 같은 상담자가 되어주십시오.
한 존재가 자신의 삶의 의미를 발견하며
자신의 길을 잘 갈 수 있도록 안내자 역할을 해주시면 됩니다.

PART 3

부모,
공부가 필요하다

10

학부모 말고
부모 되기

　자녀의 학습 능력과 감정 조율 능력을 높여주고, 행복감은 더 더욱 높여주면서 키우고 싶으시지요? 누구나 자녀를 잘 키우고 싶은 마음은 간절합니다.

　부모는 멀리 보는 사람이고, 학부모는 앞만 보는 사람입니다. 좋은 부모는 자녀를 키울 때 멀리 보는데 학부모는 당장 눈앞에 있는 성적, 앞만 본다는 뜻입니다. 멀리 보면 좋은 사람을 키워낼 수 있고 앞만 보면 당장 성적만 좋은 학생을 키워낼 수 있다는 뜻이기도 합니다. 어떻게 하면 지혜로운 부모가 되어서 내 아이를 잘 키울 수 있는지 우리 한번 같이 머리를 맞대보기로 하지요.

　먼저, 제 질문에 한번 답해보세요.

　당신은 부모입니까? 학부모입니까?

"아이들을 키우지 말고 응원 잘 해주는 친구 같은 상담자가 되세요"라고 늘 얘기합니다. 상담자는 한 존재가 자신의 삶의 의미를 발견하면서 자신의 길을 잘 갈 수 있도록 안내자 역할을 합니다. 부모가 이런 역할을 해준다면 세상에 잘못 자라는 아이는 한 명도 없을 겁니다.

아이가 7세가 될 때까지는 좋은 양육자가 됩시다. 그런데 7세부터 19세까지는 아이를 애써 키우려고 노력하지 않아도 됩니다. 응원을 잘 해주는 친구 같은 상담자가 되려고 노력할 때 내 아이는 더 잘 크게 될 겁니다.

20세부터는 부모와 자녀가 어떤 관계가 되어야 할까요? 배우자와 마찬가지로 인생의 동지, 인생의 절친과 같은 관계를 맺을 수 있다면 가장 이상적인 부모와 자녀 관계가 됩니다. 저는 부모님들께 내 아이, 그리고 우리 가족 전체가 기적의 세로토닌 테라피를 경험해보자는 제안을 드리겠습니다.

내가 변해야 아이가 변합니다

세로토닌이라는 호르몬에 대해 들어본 적이 있으십니까? 세로토닌은 잠자는 뇌세포를 깨워서 잠든 천재성도 일깨울 수 있는 호르몬입니다. 우리가 즐길 때 뇌에서는 행복 호르몬으로 알려진 세로토닌이 나옵니다. 세로토닌은 행복만 증진시켜주는 것이 아니라 인생을 살아가는 데 필요한, 과격하고 충동적인 마음을 잡아주는 마음 조절 물질이기도 합니다.

내 아이의 뇌에서 세로토닌만 잘 분비된다면 학습 능력도 좋고 감정 조율 능력도 좋은 아이로 자랄 수 있습니다. 이 행복 호르몬 세로토닌이 부족하면 뇌가 극단적으로 가게 됩니다. 세로토닌이 잘 분비되면 여러 가지 부정적인 문제를 예방할 수 있습니다.

첫 번째, 우울증과 자살을 예방할 수 있습니다. 두 번째, 강박증과 각종 중독증도 예방할 수 있어요. 충동적이고 폭력적인 마음을 잡아주고요, 만성피로에 물드는 것도 막아줍니다. 또한 온몸에 통증이 오는 통각 문제까지도 조율해줄 수 있습니다.

아이의 뇌에서 세로토닌이 잘 나오고 있는지는 그 부모를 먼저 보면 알 수 있습니다. 부모님이 행복을 많이 느끼고 긍정적인 말을 많이 하는 사람이라면 아이의 뇌에서는 세로토닌이 잘 분비될 수밖에 없답니다.

우리는 보통 이런 말을 해요.

"마음이 아파. 마음이 힘들어."

그런데 마음은 어디에 있지요? 가슴에 있다고요? 아니에요. 마음은 뇌에 있습니다. 마음은 우리의 뇌가 좌우하는데요, 행복도 마찬가지입니다. 행복은 우리 뇌에서 전두엽 좌측에 있습니다. 전두엽 좌측에 있는 부위에서 세로토닌이 분비되기 시작합니다.

우리의 몸과 마음 전체를 생기 있게, 활기차게 그리고 편안하게 유지해주는 호르몬이기 때문에 세로토닌이 잘 나오지 않으면 아이들의 자세가 구부정해지고 표정도 어두워집니다. 그리고 늘 우울한 표정으로 상대방을 대하게 되지요.

내 아이의 모습은 누구의 모습인가요? 바로 부모의 모습입니다. 이런 말이 있어요. 신이 부모에게 "너 자신을 좀 바라봐"라며 거울을 하나 선물해줬는데 그 거울이 바로 내 아이였다는 것입니다.

내 아이의 표정이 어둡나요?

내 아이가 우울해 보이나요?

내 아이의 집중력이 너무 떨어지나요?

내 아이가 감정 조율을 잘 못하나요?

그건 바로 부모인 나의 모습입니다. 부모님의 세로토닌이 잘 분비되지 않는다면 아이도 마찬가지입니다. 아이들은 항상 부모의 말과 행동을 보고 모든 것을 배웁니다. 그렇다면 내가 먼저 변해야 내 아이를 변화시킬 수가 있겠지요.

행복을 창조하는 습관 키우기

저는 가족 상담을 하면서 행복도 불행도 습관이라는 것을 깨달았습니다. 행복을 많이 느끼는 사람이 있고 불행을 많이 느끼는 사람이 있는데요, 100% 환경의 영향이었을까요? 행복과 불행이 경제적 지표만 따라갔을까요? 그렇지 않았어요. 제 내담자 중에는 1,000억대 부자도 있지만 생활보호대상자인 분들도 많습니다. 다양한 사람들을 상담해보니 행복과 경제력은 상관이 없다는 걸 알게 되었습니다. 행복도 불행도 우리 뇌가 가진 습관이었습니다. 똑같은 상황에서도 행복을 많이 발견하는 사람이 있는가 하면 똑같은 상황에서도 정말 신기하게 불행으로 해석하고 부정적인 것만 발견하는 사람도 있습니다. 우리 뇌가 작동하는 습관이라는 거지요.

앞에서 후성 유전에 대해서 언급했는데, 후성 유전은 주변에서 일어나는 모든 일이 유전자에 기록된다고 봅니다. 가족의 환경, 가족이 가진 습관, 가족의 문화도 유전자가 되어서 대물림된다는 거지요. 행복을 창조하는 습관을 대물림해주는 것이 1억, 10억, 100억을 물려주는 것보다 훨씬 중요하다는 것을 20년 동안 상담하면서 절실히 깨닫게 되었습니다.

습관의 힘이 셀까요? 천성의 힘이 셀까요? 타고난 천성이 게을러도, 느려도 열심히 노력해서 후천적인 습관을 내 몸에 익히면 우리는 죽는 날까지 습관대로 살 수 있습니다. 심리학에서는 말합니다. 타고난 천성보다 습관이 무려 10배나 힘이 세다고 말이지요. 그러면 우리 가족을 위한 행복을 잘 발견하는 습관 키우기 훈련, 시작해보실까요.

박상미의 가족 상담소

뇌의 비밀에 대한 퀴즈입니다. 우리의 뇌는 어떤 기억을 더 강하게, 오래 기억할까요? 긍정적 경험일까요, 부정적 경험일까요? 우리의 뇌는 부정적인 경험을 3배 강력하게, 오래 기억한다고 합니다. 우리 가족이 죽는 날까지 긍정적이고 행복하게 살기 위해서는 긍정적인 경험을 부정적인 경험보다 4배 이상 더 많이 해야 된다는 걸 꼭 기억해주십시오. 그래야 우리 뇌가 긍정적인 경험의 힘을 부정적인 경험보다 훨씬 더 강하게 키워서 긍정적으로 변해갈 수 있습니다.

살다 보면 가족 안에서도 갈등이 일어나고 싸우는 날도 있습니다. 때론 남보다 못한 가족이 되는 날도 있습니다. 하지만 우리 가족 안에서 좋은 경험, 아름다운 추억, 행복했던 기억을 많이 저축해놓는다면 우리의 뇌는 긍정을 택하고 화해와 용서의 길로 나아갈 수 있습니다.

우리가 가진 용기 중에 가장 내기 어려운 용기는, 먼저 웃는 용기입니다. 우리가 웃을 때 긍정적인 유전자가 만들어진다는 것 알고 계신가요? 아이는 부모의 거울이라고 했습니다. 우리 아이가 늘 밝은 표정으로 웃고 사람들에게 밝게 인사하고 밝은 에너지를 전하는 사람이면 좋겠지요.

내 아이를 어떻게 잘 키워야 할지 모르시겠다고요? 그러면 이것 먼저 시작하세요. 아이와 눈이 마주칠 때마다 활짝 웃어주는 겁니다. 우리 뇌는 좋은 강의를 듣고 좋은 글을 눈으로 읽는다고

박상미의 가족 상담소

해서 변화되지 않습니다. 충분히 반복해서 행동을 입력해야만 우리 뇌의 기억 세포가 만들어지고 평생의 습관이 됩니다. 부모의 부정적인 사고방식은 아이들에게 반드시 전염되고 유전된다는 것 기억해주세요. 매사에 긍정적인 생각을 하려고 노력하면 행복을 창조하는 기억 세포가 만들어지고 대대손손 대물림된다는 거 기억해주세요. 웃음 근육을 많이 사용하면 우리의 대뇌가 칭찬을 많이 받았을 때와 같은 기쁨을 느낍니다. 활짝 웃는 표정 근육을 사용하는 것만으로 집중력과 학습 능력이 높아졌다는 겁니다. 응용력도 월등히 높아졌어요.

그럼 어떻게 해야 할까요? 일하기 전에, 발표하기 전에, 미팅하기 전에, 공부하기 전에 많이 웃어야 합니다. 가장 어리석은 부모가 아이에게 "너 하루 종일 TV 보고 있니? 계속 컴퓨터야, 계속 스마트폰만 하네. 너 당장 들어가서 공부해!" 이렇게 명령하고 화내는 부모입니다. 잔소리를 듣고 아이가 좋은 행동으로 변화할 가능성은 얼마나 될까요? 무려 0%입니다. 내 아이가 학습 능력도 높고 응용력도 높고 창의력도 높은 아이가 되길 원하신다면 오늘부터 아이와 함께 많이 웃으십시오. 아이를 많이 웃게 할 때 내 아이의 능력이 향상된다는 거 기억해주세요.

우리의 뇌는 긍정적인 단어를 쓸 때 긍정적인 유전자를 활성화시킵니다. 아이들이 쓰는 단어는 대부분 부모에게서 배운 것이었어요. 우리 부모님이 많이 쓰는 단어를 아이들도 많이 쓰고 있었습니다. 만족, 기쁨, 행복을 표현하는 단어를 자주 소리 내어 발음하는 가족은 행복도가 월등히 높았고요, 세로토닌도 아주 잘 나오고 있었습니다.

자, 행복을 불러일으키고 긍정의 욕구를 불러일으키는 모든 단어들입니다. 우리 가족이 이 단어를 많이 쓰고 있는지 한번 확인해보세요.

감동받은, 뭉클한, 감격스러운, 벅찬, 황홀한, 충만한, 고마운, 감사한, 즐거운, 좋은, 만족한, 보람 있는, 유쾌한, 통쾌한, 기쁜, 반가운, 행복한, 따뜻한, 감미로운, 포근한, 푸근한, 사랑하는, 사랑스러운, 반한, 설레는, 훈훈한, 정겨운, 친근한, 뿌듯한, 산뜻한, 만족스러운, 상쾌한, 흡족한, 자랑스러운, 감탄하는, 성취감을 느끼는, 승리감을 느끼는, 개운한, 후련한, 든든한, 흐뭇한, 홀가분한, 편안한, 느긋한, 담담한, 친밀한, 긴장이 풀리는, 차분한, 안심이 되는, 가벼운, 평화로운, 고요한, 여유로운, 진정되는, 잠잠해진, 평온한, 흥미로운, 재미있는, 활기찬, 흥겨운, 열광하는, 신나는, 용기 나는, 기운 나는, 당당한, 살아 있는, 생기가 도는, 자신감 있는, 두근거리는, 기대에 부푼, 들뜬, 희망에 찬, 자부심 느끼는.

위 단어를 한 번씩 소리 내어 읽어보세요. 기분이 어떠세요? 좋

박상미의 가족 상담소

아졌지요? 내가 평소에 이런 단어를 자주 발음하지 않았다면 온 가족이 함께 이 단어들을 하루에 한 번 소리 내어 발음해보세요. 놀라운 변화가 일어날 겁니다.

어떻게 하면 세로토닌이 더 많이 나와서 학습 능력도 높여주고 잠든 천재성도 일깨워주고 감정 조율도 잘하게 만들까요? 바로 운동할 때입니다. 햇빛을 받으면서 걸을 때 많이 나와요.

햇빛을 받으면서 몇 분을 걸어야 하루에 필요한 세로토닌이 다 나올까요? 길지 않았어요. 20분이었습니다. 아침에 아이들 학교 갈 때, 출근할 때 20분 동안 같이 길을 걷기만 해도 세로토닌은 완충됩니다. 맛있는 음식을 먹을 때도 많이 나오고, 웃을 때, 천천히 심호흡할 때, 사랑할 때, 숙면을 취할 때, 명상할 때 많이 나옵니다.

명상은 어떻게 해야 될지 모르겠다고요? 눈을 감고 천천히 심호흡해보세요. 그것만으로도 명상의 효과를 충분히 누릴 수 있습니다.

이 여덟 가지, 우리 가족과 바로 시작해보세요. 아이들이 어릴 때부터 부모와 함께 이 여덟 가지를 하면 정서적으로 건강한 아이, 집중 잘하는 아이, 응용력, 창의력 높은 아이로 클 수 있다는 것을 꼭 기억해주세요. 아이들을 잘 키우려면 응원 잘 해주는 친구 같은 상담자가 되어주십시오. 아이들의 몸과 마음의 롤 모델이 되어주십시오. 한 존재가 자신의 삶의 의미를 발견하며 자신의 길을 잘 갈 수 있도록 안내자 역할을 해주시면 됩니다.

11

내 아이는
내가 지킨다

"내 아이를 왕따, 학교 폭력, 성폭력으로부터 보호하려면 어떻게 키워야 하나요?"라는 질문을 참 많이 받습니다. 이 질문을 받을 때는 기분이 참 좋습니다. 예방할 수 있기 때문이지요.

그런데 많은 분들이 상담실을 찾아와서 고통을 호소하실 때는 이미 내 아이가 왕따 문제의 피해자, 학교 폭력의 피해자, 성폭력의 피해자가 되어서 씻을 수 없는 상처를 안은 채로 함께 내방할 때입니다. 아이들이 입은 상처가 치유되는 데는 몇 년의 시간이 걸릴까요? 우리는 물리적으로 그 시간을 환산할 수조차 없습니다.

이 문제들은 우리가 자녀를 키울 때부터 충분히 예방할 수가 있습니다. 어떻게 하면 내 아이를 폭력으로부터 보호할 수 있을지, 그리고 이런 상황에 노출되어서 피해자의 입장에 놓이게 되었을 때 부모로서 어떤 도움을 줄 수 있을지 구체적인 것들을 배워보겠습니다.

내 아이가 피해자가 된다면

요즘 왕따 문제는 유치원에서부터 시작됩니다. 초·중·고등학교, 대학교, 심지어 직장에서도 왕따 피해자는 발견됩니다.

2017년 통계 기준, 전국의 학교 폭력 검거 건수는 1만 4,000건이었습니다. 검거 건수가 1만 4,000건이라는 것은 신고 후에 처벌을 받은 아이들이 1만 4,000명 이상이라는 겁니다. 그런데 신고하지 않고 혼자 참고 울면서 견딘 아이들은 이 수치의 10배도 넘는다는 걸 알고 계십니까? 이제 더 이상 왕따 문제, 학교 폭력 문제는 "네가 참아라", "친구들하고 잘 지내", "네가 먼저 다가가봐" 등의 말로 내 자식을 교육시킨다고 해서 해결되는 문제가 아닙니다. 보복이 무서워서 제대로 신고도 하지 못하고 선생님께 도움을 요청해도 사건을 쉬쉬하면서 덮기 바쁜데 검거 건수가 1만 4,000건이라는 것은 실제 현실에서 고통을 겪고 있는 아이들이 얼마나 많은지를 알 수 있는 부분이기도 합니다.

혹시 내 아이가 숨어서 울고 있지는 않나, 내 아이가 피해자인데 내가 아이를 보호하는 데 적극적이지 못했던 것은 아닌가 돌이켜보는 시간을 가져야만 합니다. 왜냐고요? 내 아이가 성인이 될 때까지 언제든지 학교 폭력, 왕따 문제, 그리고 성폭력에 노출될 수밖에 없기 때문입니다. 옛날처럼 돈을 뺏거나 가벼운 따돌림 정도가 아니라는 걸 알아야 합니다.

우리가 학교 다니던 시절을 생각하고 "야, 친구들하고 잘 지내", "네가 먼저 다가가 봐" 하는 정도로 해결될 문제가 아니에요. 상납, 절도, 인터넷 사기, 그리고 여학생들은 성매매에 연루되기도 하는 것이 요즘 청소년들의 현실입니다. 우리는 내 아이가 가해자가 될 수도 있고 피해자가 될 수도 있는 환경이 조성된 현실을 살고 있습니다.

그런데 가해자들은 처벌받지 않는 경우가 더 많다는 걸 혹시 알고 계십니까? 정말 심각한 학교 폭력을 저지른 가해자들은 교도소에 갈까요? 아니요, 청소년들은 정말 큰 범죄를 저질러도 교도소가 아닌 소년원에 가게 됩니다. 소년원에 가면 전과가 남지 않습니다. 그래서 수많은 가해 청소년들이 소년원에 가는 걸 두려워하지 않으며, 학교 폭력을 서슴지 않고 휘두르는 경우도 많습니다.

내 아이를 지킬 수 있는 건 나 자신밖에 없습니다. 내 아이를 강하게 키워야만 합니다. 내가 내 자녀를 더 보호하고 더 강하게 키우기 위해서 공부하고 행동해야 될 때가 왔습니다.

저는 왕따, 학교 폭력의 피해자들을 상담하는 일을 오랫동안 해왔습니다. 이 아이들의 공통점이 있어요. 착하고, 내향적이고, 지나치게 많이 참는다는 것입니다. 웬만하면 참고, 어른들에게 도움을 요청하지 않았어요. 가해자 아이들은 이런 아이들을 귀신같이 알아보고 괴롭히면서 동물의 쾌락을 느끼고 있었습니다. 그러니 내 아이는 내가 지켜야 하고, 내 아이는 내가 강하게 키워야만 합니다.

"전학 가면 되지 않을까요?"

"우리 아이가 왕따당하고요. 학교 폭력 피해자가 됐는데 전학 보낼까요?"

피해자 부모님들이 오셔서 이런 말을 많이 합니다. 전학 간다고 해결되지 않아요. 영악한 가해자들은 어디에나 있습니다. 전학을 간 학교에도 반드시 있습니다. 우리는 도망칠 게 아니라 문제를 정면으로 바라보고 해결해야 합니다.

왕따를 당해서, 학교 폭력에 노출되어서 얻은 트라우마는 몇 년 동안 지속될까요? 얼마 전에 연구 결과가 나왔습니다. '최소 40년은 간다'는 것입니다. 트라우마에는 유통기한이 없다는 걸 기억해주십시오.

우리가 간과하면 안 되는 것이 또 하나 있습니다. 어쩌면 내 아이가 가해자인데도 그걸 전혀 모른 채 "내 아이는 활발하게 학교 생활을 잘하고 있어", "학교 폭력? 왕따? 내 아이랑은 아무 상관없어", "내 아이는 친구들과 잘 지내. 인기 많아"라고 오해하고 있는 부모님들도 많아요. 내 아이는 피해자가 될 수도 있고 가해자가 될 수도 있습니다. 그 두 가지의 사례를 모두 다루어보겠습니다.

내 아이도 가해자가 될 수 있다는 자각

내 아이가 가해자인 경우 어떤 고민을 해야 할까요? 청소년기에 가해자가 되어 인성이 한 번 마비되면 평생 동안 인격 장애를 가진 사람으로 살게 됩니다. 자기 명령을 따르는 친구들 위에 군림하는 쾌감을 한 번 경험해본 아이들은 갑질의 쾌감에서 벗어나질 못하고 폭력에 중독되는 경향을 보였습니다. 성인 범죄자들 이상으로 힘과 폭력을 마음껏 휘두르기도 합니다.

저는 소년 재판정에 자주 나갑니다. 거기서 가해자 아이들, 가해자 부모들을 만나게 되지요. 공부 못하는 아이들이 학교 폭력의 주동자일까요? 아니요. 저는 얼마 전에, 늘 전교 3등 안에 드는 여학생이 가해자로 재판정에 선 걸 보게 되었습니다. 그 학교 선생님들의 대부분이 이 가해 학생을 위한 탄원서를 써서 보냈더군요. 가해 학생의 부모님은 판사 앞에서 자신 있게 말했습니다.

"우리 아이는 모범생이에요. 공부를 정말 잘해요. 어쩌다 친구들끼리 싸우다가 이런 일이 벌어졌나 본데 이제 반성하고 안 그럴 거예요."

내 자녀를 가장 모르는 건 부모 자신이었습니다. 청소년기에 이 폭력을 멈추지 않으면 평생 인격 장애자로 살 수도 있습니다. 10대는 인격과 인성이 형성되는 중요한 시기입니다. 성폭력, 학교 폭력 문제에 있어서 가치관이 성립되는 시기입니다. 특히 남자아이들은 학교 폭력에 중독되면 성폭력으로 나아가는 데 주저함이 없었습니다.

우리나라 법은 미성년자 초범에게 너무나 관대합니다. 반성문을 쓰고 합의하려는 거짓 노력만 보이면, 소년 법정에서 "선처해주세요"라며 무릎 꿇고 눈물 연기만 잘하면 관대한 용서를 받는 사례가 많습니다. 소년원에 잠깐 다녀오거나 보호관찰을 받으면 전과가 남지 않기에 사회가 너무나 쉽게 자신들의 범죄를 용서한다는 것을 학습할 뿐이었습니다. 재범으로 이어지는 것이지요.

내 아이가 가해자라면 진심으로 그 아이와 함께 반성하는 시간을 보내셔야 합니다. 아이의 인격이 회복되고 건강한 성인으로 자랄 수 있게 도와주어야 합니다. 아이에게 오히려 무릎 꿇고 말씀하셔야 합니다.

"내가 너를 잘못 키웠구나! 네가 폭력에 쾌감을 느끼는 아이로 자랐구나. 내 잘못이다. 아이야, 우리 정말 반성하는 시간을 보내자. 그리고 우리 진심으로 용서를 빌자."

내 자녀에게 이렇게 말할 수 있는 부모가 되어야 합니다.

'피해자다움'이란 없습니다

학교 내에는 뒤바뀐 피해자와 가해자가 너무 많습니다. 피해 학생을 최우선으로 보호해야 하는데도 불구하고 피해 학생이 혼자 숨어서 울 수밖에 없는 사회 분위기가 조성되는 건 마음 아픈 일입니다. 피해 학생의 부모님들은 내 아이를 보호하기 위해 학교에 강력한 요구를 해야 합니다.

"가해 학생과 우리 아이를 떨어뜨려 주십시오. 가해 학생에게 엄중한 경고를 해주시고, 우리 아이를 위로해주십시오. 우리 아이의 고통을 존중해주십시오"라고 요구해야 합니다.

우리는 가해 학생과 그 부모에게 이렇게 말해야 합니다.

"용서해달라고? 화해하자고? 그건 내 아이가 결정할 문제야. 네가 진심으로 사과하는 것이 먼저야. 진심으로 사과해줬으면 좋겠어. 그리고 내 아이가 너를 용서해줄 때까지 기다려주면 좋겠구나."

그럼 그 아이는 말할 거예요.

"용서해주세요. 앞으로는 친하게 잘 지낼게요."

친하게 잘 지낼게요, 그 말에 속지 마세요. 친하게 잘 지내면 안 되는 거예요. 한 번 내 아이에게 폭력을 휘둘렀던 아이들은 어떤 방식으로든 내 아이를 괴롭힐 가능성이 높습니다.

"한 가지만 부탁할게. 진심으로 사과하고 앞으로는 내 아이 근처에 오지 말거라. 친하게 지내는 것, 우리는 원치 않아. 내 아이랑 친하게 지내지 말거라. 내가 원치 않는다"라고 단호한 모습을 보여줘야 됩니다.

우리 사회는 피해자들에게 피해자다움을 강요할 때가 많습니다. 그래서 우리는 피해자의 마음을 공부해야 합니다. 내 아이의 상처에 대해 공부해야 합니다. 어떤 선생님들은 이렇게도 말해요.

"피해 학생을 살펴봤는데요, 학교에서 되게 잘 지내요. 요즘에는 가해 학생과도 잘 놀던데요. 아이들은 싸우고 화해하고, 금세 잘 지냅니다. 어머니, 아버지께서 너무 예민하신 것 같아요."

이것은 폭력의 속성을 모르는 무지한 말이라는 걸 아셔야 합니다. 우리는 어린이들과 청소년들, 그 피해자들의 심리 반응에 대해서 공부해야 합니다.

우울과 불안이 겉으로 다 드러나는 아이들이 있어요. 다행이에요. 도와주기가 쉽습니다. 그런데 자기의 우울과 불안을 겉으로 표출하지 못하고 억지로 감추는 아이들도 있습니다. 전보다 더 밝게 생활하는 아이들도 있어요. 깊은 우울과 불안과 공포를 감당할 수 없어서, 아무 문제가 없는 것처럼 행동하는 것입니다. 미성숙한 방어 기제인 거죠.

어른들은 아이들의 세계를, 특히 아이들 마음을 너무 몰라요. 우리의 느낌, 생각, 상식의 잣대로 판단해선 안 됩니다. 어린이들과 청소년들은 아직 자기의 감정을 표출하는 데 미성숙하기 때문에 반대로 행동할 수도 있다는 걸 알아야 합니다. 아이들이 표현하는 것만 가지고 피해자 같다, 피해자 같지 않다고 섣불리 판단해서는 안 됩니다.

피해 학생들이 건강한 모습으로 뛰어논다면 '피해자답지 않다'고 할 것이 아니라 어떻게 해서든 학교생활에 적응하고 잘 지내보려는, 마음의 상처를 스스로 치유하려는 그 아이의 노력을 칭찬해주고 더욱 공감해줘야 합니다.

"너 그렇게 힘든 아픔을 겪었는데도 밝게 잘 지내려고 애쓰는구나. 너 참 대단해. 그런데 있잖아, 이렇게 애쓰지 않아도 돼. 힘들면 엄마, 아빠한테 말해도 돼. 정말 힘들 때는 선생님한테 도움을 요청해야 해. 애써 밝게 지내려고 너무 애쓰지는 말아라."

이렇게 말해주면 좋겠습니다.

폭력 피해자를 대하는 가장 좋은 태도는 존중, 배려, 공감입니다.

"너 정말 힘들었지? 얼마나 힘든지 말해도 돼. 내가 어떻게 도와줄까?"

이런 자세로 피해자들을 대해야 한다는 걸 우리는 잊어서는 안 됩니다.

폭력에 관용은 없어야 합니다. 같이 자식을 키우는 입장이라고 생각하시고 너무 관대하게 용서해주지 마십시오. 그리고 "원칙을 지키자"라고 말씀하십시오. 공정함의 가치를 가해 학생도 깨달아야 그 아이도 잘 클 수 있습니다.

아이들은 부모님이 정말 내 편이라고 느낄 때 안심하고 도움을
요청할 수 있습니다.

12

꼭 알아야 할
부모 공부

자녀의 고민을 어떻게 해결해줄 수 있을지 함께 이야기를 나누어보겠습니다. 우리가 몰라서 잘 대처하지 못하는 것들이 참 많습니다. 배워야 지혜로운 부모가 될 수 있고 내 아이의 고민을 지혜롭게 해결해줄 수가 있습니다. 응원을 잘 해주는 친구 같은 상담자가 되려면 꼭 알아야 할 부모 공부가 있습니다.

어른들은 모르는 아이들 뇌의 비밀

부모는 모르는 청소년의 고민, 어떤 것이 있었을까요? 제 상담실에 온 청소년들은 "우리 엄마한테 이 얘기 절대 하시면 안 돼요", "우리 아빠한테 얘기하지 마세요"라고 비밀을 요구하고 고민 들을 말했습니다. 지금 다루려는 고민을 하는 청소년이 너무나 많아지고 있고, 연령도 점차 낮아지고 있습니다.

"감정 조절이 잘 안 되고 기분이 좋았다 나빴다 그래요. 잠만 쏟아져요. 부모님은 저한테 분노 조절 장애래요. 성질이 아주 나쁘대요. 제 친구들도 다 이러는데 엄마, 아빠는 제 나이 때 이러지 않았대요. 거짓말 아닌가요?"

사실 이건 어른들이 몰라서 아이에게 이런 야단을 치는 겁니다. 정상적인 발달 단계를 거치며 성장해가는 아이들의 뇌에서 어떤 일이 일어나는지 어른들이 모르기 때문입니다.

우리는 아이들의 뇌가 어떤 성장 과정을 거치는지 이해해야 내 아이를 많이 야단치지 않는 부모가 될 수 있습니다. 아이들의 뇌 공부를 한번 해보겠습니다.

먼저 뇌간이 있습니다. 뇌간은 숨쉬기, 체온 조절, 맥박 조절과 같은 것을 담당하는 부위로 엄마의 배 속에서 형성되지요. 그다음은 변연계입니다. 감정, 기억, 성욕, 식욕을 담당하며 영유아기, 아동기, 사춘기에 형성됩니다.

전두엽에 대해서 알아야 합니다. 전두엽은 감정을 조율하고, 어떤 일을 기획하고, 조직하고, 우선순위를 정하고, 중요한 일과 중요하지 않은 일을 선정하고, 판단하고, 결과를 예측하는 능력을 가진 부위입니다. 전두엽이 잘 발달되면 사회생활 잘하는 성인으로 성장할 수 있겠지요. 우리가 보통 "넌 왜 이걸 못해?"라고 아이를 야단치는 모든 것이 전두엽의 영역이라는 것입니다.

전두엽은 여자는 24세, 남자는 30세에 완성됩니다. 여자 24세, 남자 30세가 되기 전까지는 누구나 이 능력이 부족합니다. 하지만 우리는 어른이 되면서 그 사실을 벌써 잊어버렸습니다. 우리도 그 시절에는 부모님들께 같은 이유로 혼났다는 것을 너무 빨리 잊어버린 겁니다.

"너 왜 감정 조절을 못하니?"

"너 앞으로 어떻게 공부해야 할지 계획도 못 세워?"

"낮에는 이거 했다가 저거 했다가 시간 다 보내고 이제야 숙제 하느라 난리를 치네. 우선순위가 뭔지 정하고 실행에 옮겨야 할 거 아니야."

아이들은 이런 말을 너무 많이 들었다고 합니다. 그런데 이것은 전두엽이 담당하는 기능입니다. 아이들의 전두엽은 아직 다 형성되지 않았기 때문에 실수를 많이 해요.

우리도 이런 야단을 많이 맞았고 아이들에게 야단을 많이 치는데, 이건 어른들이 뇌의 비밀을 모르기 때문이에요.

"야! 너의 뇌는 왜 성인의 전두엽이 하는 일을 그렇게 잘 따라 하지 못하니?"라고 야단치는 것과 똑같아요. "아! 내 아이는 아직 전두엽이 완성되지 않았지. 그래서 저 아이가 감정 조절도 못하고 이거 했다, 저거 했다 하며 혼란을 겪고 있는 거지"라고 이해해주어야 합니다.

어른들은 청소년 뇌의 비밀을 몰라서 너무 많은 실수를 합니다. 청소년기는 전두엽이 완성되지 않은 상태이기 때문에 감정 조절, 기획, 우선순위 선정, 판단, 결과 예측을 잘 못할 수밖에 없는 거예요. 아이들은 이성적, 논리적으로 사고하고 감정을 조율하는 능력이 많이 부족한 초등학교 고학년 시기부터 청소년기 전반에 걸쳐서 그런 경험을 하게 됩니다.

그런데 몸은 성인처럼 크지요. 학습 능력도 성장하니까 어른들은 아이들이 어른과 똑같이 사고할 수 있다고 착각하고 믿어버리는 겁니다. 그러다 보니 청소년들을 성질 나쁜 아이, 분노 조절 장애가 있는 아이로 치부하고 오해하는 경우가 많은 겁니다.

사춘기 시절은 뇌의 전두엽이 대대적인 공사를 하는 시기입니다. 머릿속에서 큰 공사가 이루어지니까 정서적으로 매일 시끄럽고 불안한 거예요. 이유 없이 짜증 나고 화나고 반항하고 싶고 어른들이 하지 말라는 일을 계속해보고 싶고 잠도 많이 자고 싶고 아침에도 실컷 늦잠 자고 싶고 학원도 빠지고 싶고 친구들이랑 놀고 싶은 겁니다.

부모님이 이 시기에 아이들을 많이 야단치면 안 돼요. 아이들이 그런 행동을 할 때 "아들아, 딸아. 엄마, 아빠가 전두엽 공부를 했는데 네가 지금 이렇게 행동하는 건 전두엽에서 대공사가 일어나고 있기 때문이래. 우리도 이해해주려고 노력할게. 너도 이 사실을 알고 나면 조금 조절하는 데 도움이 될 거야." 이렇게 말해 주세요.

알고 나니까 내 아이가 왜 그랬나 조금 이해가 되지요?

자극에 중독된 아이, 작은 성취로 극복하기

청소년 상담의 단골 주제는 게임 중독, 스마트폰 중독, 자위 중독입니다. 내 아이는 해당 사항이 없다고요? 학교생활과 학업 스트레스가 심해지면 내 아이도 겪을 수 있는 문제입니다. 그리고 이런 중독에 빠진 아이가 내 아이의 친구라면 내 아이에게도 영향이 올지 모릅니다.

내 아이는 이미 중독에 빠져 있는데 부모님이 너무 바빠서 모르는 경우도 많았습니다. 저의 상담실에 온 아이의 고민을 들려드릴게요.

선생님, 저는 성적이 나쁘지는 않아요. 그런데 고등학교 입학 후부터 심한 불안증이 생겨서 그때마다 게임을 하거나 야한 동영상을 보면서 불안을 잊으려고 노력했어요. 그런데 이제는 너무 중독된 것 같아요. 안 하려고 용쓰다 보면 저도 모르게 자위 행위를 하고 있더라고요. 정말 짜증 나는데, 짜증 내면서도 계속하게 되는 제가 너무 밉고 싫어요. 저 좀 도와주세요.

우리는 이 아이에게 어떤 조언을 줄 수 있을까요? 특정 행동에 집착할수록 쾌락 시스템은 더욱 강하게 가동합니다. 그래서 이런 상태에 빠진 청소년은 반드시 어른의 도움이 필요합니다. 상담도 필요하고, 공감해주고, 이해해주는 어른이 옆에서 안내해줘야만 좋은 행동으로 바로잡을 수 있습니다. 이 경우에는 이렇게 말해주는 게 좋아요.

"벗어나려고 너무 집착하지 마. 그냥 좀 무관심해지는 연습을 해보자. 우리 뇌의 쾌락 시스템은 정말 강력하거든. 그걸 움직이는 힘이 바로 본능이야. 너무 억누르면 쾌락 시스템도 힘차게 풀가동이 돼. 그러니까 벗어나기 위한 발악은 그 시스템을 더 자극하려는 거란다."

어른들에게도 술 끊고 담배 끊는 일이 얼마나 힘든가요. 알코올 중독, 니코틴 중독도 마찬가지입니다. 어린 시절, 초중고 시절에 이런 중독에 빠지면 어른이 되어서 다른 중독에 또 빠지기가 쉽습니다. 그래서 도움이 필요합니다.

살다 보면 뭔가에 중독됐나 싶을 정도로 나의 신경과 시간을 쓰게 하는 일들이 생기지요. 늘 착하고 성실하게, 좋은 것만 보고 말하면서 생산적인 일만 하며 살 수는 없습니다. 가끔은 본능이 유혹하는 대로 딴짓도 하고 그러는 겁니다.

저도 글이 안 써지고 답답하면 스마트폰에 집착할 때도 있습니다. 집착하지 않으려고 억지로 노력할수록 더 생각이 나더라고요.

마찬가지로 내 아이에게도 억지로 끊으라고 말하는 것은 도움을 주는 게 아닙니다. 벗어나겠다는 생각에 집착할수록 쾌락 시스템은 더욱 강하게 풀가동된다는 걸 잊지 마십시오. 도덕성이 강한 사람일수록 심한 죄책감을 느끼면서 더 불안한 마음을 갖게 됩니다. 그러면 벗어나는 것이 더 힘들어집니다.

쾌락은 아주 자극적인 본능이에요. 그래서 쾌락을 자극하는 취미가 생기면 빠져나오기 어려워요. 누구도 자유로울 수 없는 쾌락의 유혹이고 빠져들다 보면 어느새 중독이 되지요. 중독은 뇌의 생물학적 변화를 초래하기 때문에 집착 단계에서 중독으로 진행되지 않도록 초기에 관심을 '느린 쾌락'으로 돌려주는 게 도움이 됩니다. 아이들은 스스로 이걸 하기가 어려워요. 그래서 부모가 빨리 발견하고, 옆에서 함께 해주는 노력이 필요합니다.

평소에 느린 쾌락을 자주 즐기는 사람들일수록 쾌락의 유혹에 매몰되지 않았습니다. 크게 노래 부르기, 멍 때리면서 걷기, 스쿼트 하기, 큐브 맞추기, 퍼즐 맞추기 등은 제가 주로 쓰는 방법입니다. 관심을 자꾸 다른 데로 돌리는 거지요. 아이들과 함께 이 방법을 쓰면서 동시에 매일 아주 작은 목표를 세우고 성취하기를 해보십시오. 예를 들면 "오늘은 너 컴퓨터 절대로 하면 안 돼"가

아니라 "오늘은 컴퓨터 한 시간만 하자" 같은 방법으로 도전해보는 거지요. 컴퓨터를 켜면 게임도 하게 되고 야한 동영상도 보게 되니까 시간을 줄이기를 제안해보는 겁니다. 사실은 컴퓨터를 거실, 오픈된 공간에 내어 놓고 가족이 함께 공유하게 하는 것이 가장 좋은 방법이기도 합니다.

이렇게 작은 변화가 우리의 중독을 완화시키는 데 도움이 됩니다. 작은 목표를 매일 성취하다 보면 언젠가 끊을 수도 있다는 자신감이 생깁니다. 이것을 '자아효능감'이라고 하는데요, 매일매일 조금씩 목표치를 올려주는 겁니다. 그리고 아이를 격려할 수 있는 상을 반드시 줘야 합니다. 아이가 뇌에 기쁨을 누릴 수 있는 것을 주는 겁니다.

"스마트폰은 오늘부터 정지야. 우리 집 와이파이 끊어."

협박은 도움이 안 됩니다. 시간을 줄이고 약속을 지켰을 때 보상 시스템을 가동시켜야 합니다. 그 보상은 부모가 정하지 말고 아이가 정하게 하세요. 보상을 통해서 기쁨을 느끼는 경험을 늘려주면 중독을 떠나 다른 즐거움을 찾는 데 관심을 가지게 됩니다.

중독을 끊으려면 명령 대신 질문해야 합니다

마지막 팁입니다. "하지 마!" 같은 명령이 아니라 질문해보세요.

"넌 뭐 할 때 기분이 좋아?"

"무엇을 할 때 기분이 좋은지 열 가지를 써봐. 엄마, 아빠가 도와줄게. 필요한 게 있으면 사줄게."

스마트폰을 뺏고 컴퓨터를 없애는 건 아이들의 중독을 고칠 수 없었지만 정말 좋은 효과를 보인 방법이 있었습니다.

"네가 뭘 좋아하는지 알고 싶어."

글로 써보게 하는 겁니다.

저의 내담자 중에 중독에 빠진 아이가 많습니다. 그런데 이렇게 관심과 집중의 대상을 옮겨주었을 때 아이들은 놀라운 변화를 보였습니다. 아이들의 뇌는 하고 싶은 것, 재미있는 것을 생각하게 되었습니다. 뇌에서 세로토닌이 분비되는 겁니다. 긍정의 경험을 많이 떠올리게 됩니다.

아이들이 직접 하고 싶은 것, 즐거운 것을 적을 때 1위에는 게임 또는 스마트폰, 야한 동영상이 있었지만 2위부터 10위 사이에는 운동도 있었어요.

"농구하거나 킥보드 탈 때 기분이 좋아요."

"노래를 부를 때 좋아요."

"악기 연주할 때 좋아요."

"기타를 치고 싶어요."

"드럼 배우고 싶어요."

"맛있는 것을 먹을 때 좋아요."

다양하게 나왔습니다. 관심과 집중의 대상을 옮겨주는 겁니다. '베스트 10'을 쓰게 하고 그 안에서 부모님이 추구하는 것과 일치하는 것들을 잘할 수 있게 지원해주는 겁니다.

우리 아이가 요즘 TV를 너무 많이 보나요? 인터넷 중독인가요? 괜찮습니다. 좋은 습관을 들이는 연습, 중독에서 빠져나오는 연습을 위해 알려드린 팁들을 상담자의 마음으로 한번 같이 해보시기 바랍니다.

사랑의 언어는 외국어를 배우듯이 배워야 합니다.
상대를 위해 사랑의 언어를 사용하는 것은 가장 위대한 도전입니다.

PART 4

가족 상담소
처방전

13

가족 평화를 깨트리는
'욱', '버럭' 화 다스리는 법

혹시 댁에 화를 잘 내는 사람이 있나요?

순간순간 욱하고 버럭버럭 화를 내서 가족 전체를 불안하게 만드는 사람이 있나요?

나라고요?

화와 짜증은 가까운 사람에게 전염되는 속도가 빠르고, 자녀에겐 대물림된다는 것 알고 계세요?

화를 억누르는 것도 병이 됩니다. 억누르다가 어느 순간부터 너무 많이 표출하기 시작하면 우리 가정이 깨지게 됩니다. 그래서 화를 어떻게 다루느냐가 중요합니다. 그럼 먼저 어떤 사람이 화를 잘 내는지 볼까요?

내 가족이 화내는 이유

화를 잘 내는 사람의 특징입니다.

첫 번째, 내가 노력한 만큼 결과가 나와야 한다는 기대치가 높은 사람입니다. 이런 사람들은 자신의 기대치를 낮추는 것을 배워야 합니다. 세상에 내 생각대로 되는 일은 없습니다. 세상에 내 생각대로 움직여주는 사람도 없습니다. 나의 기대치를 낮출수록 화가 덜 납니다.

두 번째, 자존감이 낮은 사람입니다. 상대가 나를 몰라준다는 생각에 섭섭한 감정을 많이 느끼고 별것 아닌 일에도 남들이 자기를 무시한다고 생각해서 욱하고 화내는 거지요.
"지금 나 무시하는 거야?"
배우자가, 자녀가 자신을 무시한다는 생각이 들어서 화를 내지만, 실은 상대에게 인정받지 못해서 속상한 것입니다.

세 번째, 내 콤플렉스를 자극받았을 때 속상한 마음을 화로 푸는 사람도 있습니다.

네 번째, 상대에게 큰 기대를 한 경우입니다. 혼자 기대를 하고 잘해주다가 상대에게서 기대한 만큼 보상을 받지 못했을 때 마음에 상처를 입고 수치심과 분노의 감정이 가득 찬 눈물을 흘리는 것입니다. 사실은 '화'라는 형식을 빌려서 울고 있는 것입니다. 그래서 화를 잘 내는 사람은 '내가 지금 왜 화가 나지?'라는 질문을 스스로에게 계속 물어보아야 합니다.

다섯 번째, 스스로 해결하지 못하는 짜증을 남한테 내는 거예요. 상대를 내 감정의 쓰레기통으로 삼는 이기적인 사람입니다. 나보다 약한 사람, 착한 사람에게 이런 방식을 많이 씁니다. 부모가 자식에게, 형이 동생에게, 나보다 힘이 약한 사람을 감정의 쓰레기통으로 쓰는 것은 비겁한 일입니다. 오늘 당장 고쳐야 해요.

여섯 번째, 나의 간절한 요구를 알아달라는 호소를 화로 표현하는 사람도 있습니다. 상대에게 관심받고 싶고, 인정받고 싶고, 존중받고 싶은데 그게 안 되니까 버럭버럭 화내는 겁니다.

한두 가지는 나의 모습이어서 얼굴이 화끈거리나요? 그럼 이제부터 변하면 됩니다. 우리 가족 중에 한 사람이 떠오른다고요?

그가 화낼 때 말고, 기분 좋을 때 이 글을 슬며시 내밀어보세요. 글 속에서 내 모습을 발견하면 스스로 조심하게 될 것입니다. 나도 내가 왜 화내는지 실체를 몰라서 힘들어하는 사람도 있으니까요.

울컥 치솟는 화를 다스리는 방법

화를 잘 내는 사람은 어떤 사람일까요?

유전을 의심해봐야 합니다. 예상치 못한 순간에 과하게 화내는 사람이 있습니다. 어떤 아이들은 유아기 때부터 아주 조급하게 짜증을 내고 화내는 성향이 드러나는데, 무엇이 문제일까 연구해봤더니 유전과 관련성이 높다는 결과가 나왔습니다. 또한 성장 과정에서 유전자에 입력된 후성 유전이 작용하기도 했습니다.

내가 유독 화를 많이 내는 사람이라면 이 이야기를 듣고 '내 자녀에게 유전될 수도 있구나'라는 조심스러운 마음이 생기겠지요. 부모가 화를 잘 내면 자식에게도 유전이 됩니다.

그래서 부모가 된 순간부터는 내가 너무 자주, 쉽게 화를 내고 있는 건 아닌지 매일 매일 스스로를 점검해볼 필요가 있는 겁니다. 신경전달물질인 세로토닌의 분비를 감소시키는 유전자가 있대요. 이 유전자가 성급함, 중독적인 분노를 자주 일으키고 자극에 지나치게 예민한 반응을 하게 만듭니다.

분노는 불안과 성격장애가 있을 때 더 잘 나타나는 증세이기도 합니다. 화내고 짜증 내는 것이 습관으로 굳어져 있다면 뇌에서 세로토닌 분비가 잘 되지 않고, 이것이 유전자가 되어서 자녀들에게 영향을 미칠 수 있다는 것을 기억해주세요.

이렇게 화내고 짜증 내고 분노하는 사람들을 위한 인지행동 치료법이 있습니다. 이건 가족 안에서 우리 스스로 할 수 있는 치료법입니다.

너무 화가 날 때가 있다고요?

참을 수 없이 화가 날 때는 어떻게 해야 되냐고요?

나의 화를 자극한 부모님, 형제, 배우자, 자식이 없는 공간으로 이동하십시오. 그가 없는 공간으로 이동하는 건 아주 중요합니다. 다른 방으로 가는 것보다 더 좋은 건 현관문을 열고 잠깐 밖으로 나가서 바람을 쐬는 것입니다. 밖에서 최소 3분 이상 마음을 환기시키십시오.

화가 났을 때 우리는 그 화를 참지 못하고 3초 이내에 독이 든 말을 내뱉습니다. 그래서 가족 사이가 깨지는 경우도 많아요. 부부 사이에 이런 말을 쉽게 하지요.

"이혼해."

부모가 자식에게 이런 말을 하기도 합니다.

"부모 자식 인연 끊자. 집에서 나가."

자식이 부모에게 이런 말을 하기도 합니다.

"누가 낳아달라고 했어요? 잘해준 것도 별로 없으면서."

독이 든 말 한마디는 평생 심장에 꽂혀서 안 빠지는 독화살로 남아 있는 겁니다.

이걸 예방하기 위해서는 첫 번째, 빨리 장소를 이동해야 합니다. 돌이킬 수 없는 말, 행동을 할 가능성을 낮춰주는 것이지요. 인간의 생각은 환경에 아주 민감해요. 내가 어느 장소에 있느냐, 누구와 함께 있느냐에 큰 영향을 받아요. 화를 자극한 사람이 없는 다른 장소로 옮겨 가야 다른 생각으로 옮겨 갈 수 있습니다. 화내고 있는 나 자신만이 있는 공간으로 가야 '내가 왜 이렇게 화를 내고 있지?'라는 생각을 할 수 있습니다.

자, 스스로에게 물어보세요.

'왜 화가 났지?'

'내가 이렇게 화낼 만한 일인가?'

'지금 내 표현 방식이 과연 합당한가?'

혼자만의 장소에서 혼자가 되었을 때 나에게 질문할 수 있는 겁니다.

물론 객관적으로 봤을 때 상대가 잘못한 경우도 있어요. 상대의 잘못이 크다 하더라도 무조건 화를 내는 것은 옳지 않습니다. 화내는 것을 유보해봅시다. 연습이 필요합니다. 연습하면 두세 번은 하기 쉬워집니다.

이렇게 하면 심장과 폐가 기본 리듬을 되찾게 됩니다. 흥분이 가라앉아요. 화가 나면 심장과 폐가 균형을 잃고 빠른 속도로 움직이면서 몸이 흥분합니다. 그리고 마음이 흥분하며 화가 더 커지는 악순환에 접어듭니다. 큰 싸움이 일어나고 돌이킬 수 없는 지경에 이를 수 있는 거지요.

그래서 근본적인 치료도 필요합니다. '나에게 이런 성향이 있는 것 같다'는 생각이 든다면 좋은 기회입니다. 어떻게 자가 치료할 수 있을까요? 화를 못 참는 사람들은 "순간적으로 이성을 잃었어", "내가 왜 그렇게까지 화를 냈는지 나도 모르겠어" 같은 말을 잘 합니다. 화를 잘 다루지 못하면 나중에 후회만 남습니다.

어린 시절에 부모로부터 언어 학대, 육체적 학대를 당한 사람은 나를 가장 안전하게 지켜주고 보호해주어야 할 부모에게 받은 학대로 인한 트라우마를 가지고 삽니다. 갑자기 화내는 부모 밑에서 자란 아이들은 작은 일에도 화들짝 놀랍니다. 치명적인 상처를 안고 사는 거지요. 존재의 뿌리가 썩을 수도 있습니다.

혹시 이런 경험이 있으십니까? 어린 시절에 부당하게 화내는 부모 밑에서 자라면서 생긴 트라우마가 상처를 자극하는 촉발 자극을 만나 나도 모르게 폭발해버리는 전이 분노로 옮겨 간 것입니다. 그래서 스스로도 이해할 수 없을 정도로 화를 내고 있었던 겁니다.

이런 경우는 반드시 치료해야 합니다. 치료의 시작은 내가 나를 상담하는 '마음 대화'입니다.

"부모님이 나에게 화내고 폭력적인 행동을 한 것은 내 잘못이 아니야. 사과받아야 할 일이야. 나는 어린 시절에 부모로부터 받은 상처가 많아서 이렇게 욱하고 화내는 사람이 되었구나. 나는 트라우마가 자극받을 때 이렇게 반응했던 거구나. 그동안 나도 참 고생 많았구나. 이런 트라우마가 생긴 건 내 잘못이 아니야. 그동안 사느라 고생했어. 이제는 내가 나의 치료에 관심을 가져야겠어."

나에게 이렇게 말해주세요.

부모님에게 직접 듣지 못해도 내가 나에게 말해주는 것만으로도 화를 좋은 에너지로 전환해서 쓰는 데 큰 도움이 됩니다. 나는 아직 생생하게 아픈데 부모님은 벌써 잊으셨구나 하며 원망만 할 게 아니라 보상을 통해서 내 상처를 치유해주는 겁니다.

부모에게 사과를 받아야만 보상이 되는 게 아닙니다. 내가 나를 응원하고, 위로하고, 공감해주면서 보상해줄 수도 있어요. 앞으로 어떤 촉발 자극이 와도 폭발하지 않도록 악순환을 끊을 수 있을 것입니다.

"고생했어. 너는 부모의 폭력으로부터 살아남은 생존자야. 오늘까지 살아남다니 살아 있다는 것만으로도 고마워. 나 참 잘 살아왔구나."

이렇게 나를 인정하고 위로해주십시오.

이건 심리적으로 큰 보상을 받는 것과 같아요. 타인으로부터 받는 보상보다 훨씬 더 가치 있는 보상입니다.

도무지 화를 다스릴 수 없을 때의 처방전

화를 도저히 스스로 절제할 수 없는 사람도 있습니다. 앞에서 언급한 모든 것들을 시도해봐도 적용이 잘 안 되는 사람도 있습니다. 이런 분들은 전문가의 치료를 받는 것이 좋습니다. 가족과 주변 사람들의 일상생활을 파괴시키는 화가 있지요. 내가 그런 화를 내는 주체라고 생각된다면 상담 치료를 받는 것을 권합니다. 연구에 따르면 전문적인 상담 치료는 이런 화를 가라앉히는 데 아주 큰 효과를 보였습니다. 분노 억제 치료법이라고 하는데, 인지행동 치료법에 바탕을 둡니다.

첫 번째 단계는 공감하기입니다. 공감하기는 가족보다 전문 치료자가 더 잘해줄 수 있습니다. 가족은 그 사람의 화로 인해서 피해를 입은 피해자일 수 있지만, 치료자는 피해를 당한 경험이 없기 때문에 공감해주기가 더 쉽습니다. '이 사람의 분노에는 이유가 있겠지'라는 전제를 두고 다가가기 때문입니다. 치료자는 이 사람이 변화할 준비가 되었는지를 살펴보고 함께 치료 목표를 세우게 됩니다.

두 번째 단계는 자기 인식 단계입니다. 이 단계에서 치료자는 내담자가 스스로 부적절하게 화내는 상황에서 자신이 어떤 행동

박상미의 가족 상담소

을 했는지, 감정은 어땠는지 알 수 있도록 도와주게 됩니다. "3분 도망치기는 해보셨나요? 도움이 되던가요? 다음에는 이렇게 해보세요"라는 다양한 방법들을 권유해줄 수도 있는 거지요.

세 번째 단계에서는 인지 재구성과 행동 변화를 시도합니다. 화가 나는 상황에서 비합리적인 생각이 아닌 합리적인 생각을 선택하는 연습을 같이 해주는 것입니다. 더 좋은 반응을 선택하는 훈련을 전문가가 같이 해줄 때 치료 효과는 훨씬 더 빨랐습니다.

화를 참을 수 없을 때 이에 대처하는 가장 빠른 방법은 '심호흡'입니다. 천천히 숨을 들이마시고 내쉬면서 '내가 왜 이렇게 화가 나지?'라고 나 자신에게 묻는 것이지요.

마음의 안정을 찾으면 편안한 이미지를 떠올리는 훈련을 해보는 것도 좋습니다. 내가 가장 행복했던 순간을 떠올릴 수도 있고, 나에게 가장 안정감을 주는 사람의 얼굴을 떠올릴 수도 있습니다. 자신이 원하는 것은 화내야만 얻을 수 있다는 착각에서 벗어나도록 노력할 수 있게 됩니다. 침착하고 합리적으로 자기주장을 펴는 방법을 배울 수 있게 됩니다.

화가 날 만한 긴장된 상황에서 분노 폭발을 자동적으로 억제하는 방법들입니다. 분노 표출로 인해 손상된 인간관계를 회복할 수 있고 유전도 막을 수 있습니다. 화를 잘 다루는 가족의 행복도가 훨씬 높다는 것을 기억하시고, 누구보다 나 자신의 행복을 위해서 노력해보기 바랍니다.

14

소통 잘하는 가족들이
꼭 지키는 소통의 기술

소통 잘하는 가족들이 꼭 지키는 관계 비결 '베스트 5'를 공부해보겠습니다. 우리는 어떻게 하면 가족이 더 잘 지낼 수 있는지 사실 잘 모릅니다. 왜냐하면 태어나서 처음으로 가족이 돼봤으니까요.

제가 만난 가족들 중에서 정말 잘 지내고 싸우지 않고 공감과 소통을 잘하는 가족들을 보면 공통점이 있더라고요. 그 다섯 가지 비결을 함께 나누어보도록 하겠습니다.

첫 번째는 닫힌 대화가 아닌 열린 대화를 하는 것이었습니다. 두 번째는 판단과 충고를 하지 않는다는 것이었어요. 두 가지 실전 연습을 해보겠습니다. 말하는 것보다 경청을 잘해야 닫힌 대화가 아닌 열린 대화를 할 수 있는데요, 닫힌 대화는 서술형으로 말하는 것, 열린 대화는 공감하고 질문하는 것입니다.

질문을 할 때도 지혜가 필요했습니다.

"이번 주 잘 지냈어?"라는 질문에 "아니오"라고 하면 대화가 끝나버려요. 닫힌 대화입니다. "공부는 잘 돼?"라는 질문에 "아니오"라고 하면 여기서도 대화는 끝나버리지요. "네", "아니오"로 끝나는 대화는 닫힌 대화입니다.

열린 대화로 바꿔볼까요? 열린 대화는 공감하고 질문해야 합니다. 그리고 판단과 충고를 하지 않아야 합니다. 그러면 예를 통해서 보겠습니다.

"오늘 기분이 어때?"

"별로예요."

"아이고, 기분이 별로 안 좋구나. 왜 안 좋은지 말해줄 수 있어? 내가 알면 조금 도움을 줄 수 있지 않을까?"

이렇게 물었을 때 아이가 대답합니다.

"학교 다니기 힘들어요."

"요즘 학교 다니기 힘들구나. 그래서 기분이 별로구나."

이건 어때요? 서술어를 따라 한 겁니다. 그런데 보통 부모님들은 아이들이 "기분 안 좋아요. 학교 다니기 힘들어요"라고 하면 "야, 해주는 밥 먹고 용돈 받고 네가 해달라는 거 다 해주는데 뭐가 힘들어?" 이렇게 말하기 일쑤입니다. 판단하고 충고하는 대화지요.

우선은 공감해주는 대화가 필요합니다.

"아, 너 학교 다니기 힘들구나."

서술어를 따라 하는 거예요.

"그래서 기분이 별로구나."

아이가 말한 서술어를 지금 다 따라 했어요. 이렇게 공감해주면 아이들은 마음 문을 엽니다. 어른의 말을 들을 수 있는 귀가 열린다는 거지요.

그다음은 이렇게 질문해보세요.

"그럼 어떤 점이 힘들어?"

어른이 충고하고 판단하고 지적하는 게 아니라 공감하면서 계속 질문해주는 것입니다.

"담임선생님이 저를 무시해요."

아이가 이렇게 말할 수 있어요. 그러면 또 공감해줘야 돼요.

"담임선생님이 너를 무시해서 속상했구나."

감정을 읽어준 것입니다.

공감 후에는 우리가 협력자라는 걸 느끼게 해주면 좋습니다. 초중고 학생들을 상담하면서 "부모님이 이렇게 대화해주면 어떨 것 같아?"라고 물어봤더니 아이들이 "아, 닭살 돋아요. 그런데 너무 좋을 것 같아요", "듣기만 해도 눈물 날 것 같아요. 세상에 그런 부모님이 있긴 한가요?" 이렇게 대답했습니다. 왜냐하면 우리 부모님들은 대화하는 방법을 몰랐거든요. 아이들이 학교에 갔다 와서 기분이 안 좋으면 긴장했어요. '얘가 학교에서 문제 있나?' 그래서 자꾸 뭔가를 조언하고 충고하고 아이에게 가르치려고 애를 썼어요.

우리 다시 한번 복습할까요? 닫힌 대화가 아닌 열린 대화를 하려면 공감하고 좋은 질문을 하자, 단답형으로 끝날 수 있는 질문이 아니라 아이의 마음 문을 여는 질문을 하자, 그리고 아이가 어떤 말을 해도 판단하지 말자, 충고하지 말자.

답은 아이들 마음속에 있어요. 어떻게 해야 하는지 아이들은 알아요. 부모님이 판단하고 충고하니까 대화가 끊어질 뿐입니다. 이렇게 열린 대화 연습을 해보세요.

감정을 표현하는 용기가 싸움을 막습니다

세 번째입니다. 소통을 잘하는 가족들은 싸움 전 단계에서 멈추는 용기가 있었습니다. 우리는 가족들과 제일 많이 싸워요. 같이 살기 때문입니다. 안 싸우는 가족은 없습니다. 덜 싸우는 가족이 있을 뿐입니다.

덜 싸우는 가족이 행복한 가족입니다. 안 싸우는 가족은 위험해요. 대화가 없기 때문에 안 싸우는 것일 수도 있으니까요. 가족과 함께 싸움의 횟수를 줄이는 연습을 해봅시다. 싸움이 일어날 것 같을 때 그걸 멈추는 용기를 내는 겁니다.

화가 나고 짜증이 나는 이유를 침착하게 설명하는 가족들이 덜 싸웠습니다. 내 감정을 솔직하게 표현하는 용기를 선택했기 때문입니다. 이건 용기예요. 화내고 짜증 내지 말고 용기를 내서 내 감정을 말해보는 겁니다.

"내 감정이 옳아! 나는 맞고 너는 틀렸어. 너를 뜯어고쳐서 나처럼 좋은 사람이 되라고."

이렇게 말하는 가족들은 평생 싸우고 있었습니다.

과연 나만 옳고 나만 좋은 사람일까요? 우리는 다를 뿐이지요. "내 감정이 옳아. 나는 맞고 너는 틀렸어. 너를 뜯어고쳐서 나처럼 좋은 사람이 돼"라고 말하는 사람이 우리 집의 평화를 깨는 주인공입니다. 나의 감정을 솔직히 말하고 원하는 것을 고백하지 않고 비난하고 충고하고 판단하는 걸 선택한 거지요.

화와 짜증은 가짜 감정이에요. 진짜 감정의 뿌리를 들여다보세요. 화나고 짜증 날 때 크게 6초 호흡하면서 '내가 화나고 짜증 난 이유가 뭐지? 진짜 감정이 뭐지?' 생각해보세요. 자녀에게, 배우자에게 화내고 짜증 낼 때 사실 그 감정의 뿌리에는 속상함, 섭섭함이 있습니다. 내 마음을 몰라주는 상대에게 속상하고 섭섭해서 가슴이 아픈 거였어요.

용기가 필요해요. "딸, 엄마 마음을 너무 몰라주는 것 같아서 너무 속상해. 내 말은 다 잔소리라고 듣기 싫어하니까 섭섭하고. 엄마는 너에게 진심으로 부탁하고 싶은 게 있어. 엄마 말을 끝까지 한번 들어주면 좋겠어"라고 용기를 내어서 고백할 때 우리 가족은 싸움을 멈출 수가 있습니다.

사랑의 호르몬을 만드는 공감과 위로의 화법

네 번째, 공감과 위로를 잘합니다. 현대인에게 가장 위험한 독은 스트레스지요. 만병의 근원인 스트레스를 없애는 데 가장 좋은 게 가족의 공감과 위로입니다. 친구는 관계가 깨어질 수도 있고 영영 안 볼 수도 있지만 우리 가족은 오랫동안 보아야 합니다. 가족이 공감과 위로의 능력을 가지고 있으면 그 가족은 몸과 마음이 모두 살아날 수 있다는 거지요.

사랑의 호르몬, 옥시토신이라고 들어보셨습니까? 사랑의 호르몬, 옥시토신은 스트레스를 억제합니다. 스트레스를 없애는 데 가장 중요한 호르몬입니다. 이 옥시토신은 감사할 때 많이 나옵니다. 그래서 사랑의 호르몬, 옥시토신은 감사의 호르몬으로도 불립니다. 행복, 사랑과 같은 긍정적인 감정 중에서 감사할 때 심장이 가장 규칙적으로 뛴다고 합니다. 심장이 편안하게 뛴다는 것은 가장 행복한 상태라는 거지요.

우리는 어떨 때 심장이 가장 편안하게 뛰면서 행복을 느낄까요? 내 가족이 나를 공감해주고 위로해줄 때입니다. 내 가족이 밖에서 어떤 큰 실패를 하고 돌아왔어요. 만약에 부모님이 한숨 쉬면서 "네가 하는 일이 다 그렇지. 너는 언제 제대로 할래?"라고 말했다고 생각해보세요. 이미 밖에서 심장에 화살을 맞고 피를 철철 흘리면서 들어왔는데 내 부모님이 또 한 번 심장에 화살을 꽂는 것과 다름이 없습니다.

그런데 밖에서 실패하고 상처받고 집으로 돌아왔을 때 "괜찮아. 실수할 수 있어. 내가 도와줄 수 있는 게 있으면 말해. 맛있는 거 먹을래?" 이렇게 말해준다면 이 아이의 마음에서는 옥시토신이 분비되기 시작할 겁니다. 감사하기 때문이지요.

우리가 짜증을 낼 때는 스트레스 호르몬인 코르티솔이 아주 많이 나옵니다. 그러면 온몸에 1,400여 개의 생리화학적 변화가 일어난다고 합니다. 3분 동안 짜증을 내면 불규칙하게 심장이 뛰면서 코르티솔 호르몬이 2시간 동안 우리 몸 안에 머물게 되고, 15분 동안 짜증을 냈다면 10시간 동안 머문다고 합니다. 우리가 가족 안에서 공감과 위로를 하지 않고 짜증을 자극하는 말을 주고받는다면 코르티솔이라는 나쁜 호르몬이 몸과 마음을 죽입니다.

심장이 편안하게 뛰면 몸에서 DHEA라는 생명의 호르몬이 나온다고 해요. 고마운 감정, 감사한 감정을 3분 동안 깊이 느끼면 2시간 동안 나오고요, 15분 동안 느끼면 10시간 동안 좋은 호르몬이 분비되는 거지요. 그럼 가족끼리 공감하고 위로하고 고마워하는 감정을 더 많이 느껴야겠지요. 공감과 소통을 잘하는 가족들은 이렇게 위로를 잘하고 서로를 응원하고 서로에게 고마움을 표현하고 있었습니다.

칭찬도 배움이 필요합니다

마지막 다섯 번째는 칭찬입니다. 칭찬은 정말 놀라운 능력을 갖고 있습니다. 세로토닌이 분비되는 뇌의 부분을 칭찬 중추라고도 부릅니다. 이건 어떤 의미일까요? 칭찬을 받을 때도 행복 호르몬 세로토닌이 많이 나온다는 것입니다.

칭찬하는 데도 방법이 있습니다. 결과보다는 과정과 행동을 칭찬하십시오.

"딸, 시험 100점 맞았어? 우와, 대단하다. 그런데 엄마가 너를 이번에 가만히 지켜보니까 너는 공부할 때 30분 동안 한 번도 안 일어나고 앉아서 단어를 외우더라. 엄마는 학교 다닐 때 5분마다 일어나서 냉장고 문 열어봤어. 그런데 너는 엉덩이 힘이 진짜 세더라. 그게 대박이야. 엉덩이 힘이 센 사람들은 반드시 해내더라고. 나는 네 엉덩이 힘이 진짜 부러워."

이렇게 해주는 거예요. 공감과 소통을 잘하는 가족은 이렇게 칭찬하는 방법이 달랐습니다. 칭찬이 얼마나 중요한지 좀 더 이야기해드릴게요.

　세계에서 유일하게 인간의 말을 하는 코끼리가 한국에 있는 거 알고 계세요? 이 코끼리는 올해 31세입니다. 이름은 코식이예요. 김종갑 사육사가 코식이를 아기 때부터 키워왔는데요, 김종갑 사육사는 항상 코식이를 만지고 눈을 바라보면서 대화했습니다. "코식아, 좋아?"라는 말을 가장 많이 했어요. 이렇게 물으면 코식이는 코를 입에 넣어 압력을 이용해서 "좋아, 좋아"라고 답했어요.

　어느 날 우연히 이 뉴스를 본 오스트리아와 독일의 언어학자들이 한국으로 옵니다. 코끼리는 인간의 언어를 비슷하게 따라 하기 불가능한 구강 구조를 가지고 있고, 음성 주파수도 너무 낮아서 인간의 귀에 들리지 않는 정도래요. 그래서 코식이가 "좋아, 좋아"라고 말하는 것이 믿기 어려웠기 때문입니다. 이들이 한국에 와서 코식이를 관찰한 결과 코끼리는 입술이 없어서 소리가 빠져나가는 입 크기를 조율할 수 없기 때문에 인간의 발음을 흉내 낼 수 없지만, 코식이는 긴 코를 입에 넣어 입 크기를 조절해서 "좋아, 좋아"라는 발음을 만들어낸 것이었습니다.

　독일과 오스트리아의 학자는 코식이의 음성을 연구한 논문을 2012년 세계적인 생물학 학술지 『퀴런트 바이올로지』 온라인판에 싣게 됩니다. 코식이의 음성은 누구의 음성과 거의 일치했을

까요? 바로 사육사의 음성과 일치했습니다. 코식이는 인간의 음성을 따라 한 게 아니라 나를 늘 칭찬해주고 늘 "좋아?"라고 물어주고 항상 쓰다듬어주고 사랑해주는 사육사의 음성을 따라 한 것이었기 때문입니다. 코식이는 사육사의 말을 따라 하기 위해서 밤낮으로 아저씨의 음성을 연습한 것입니다.

논문에서 얻은 결론이 뭐였는지 아십니까? '나에게 사랑과 칭찬을 주는 사육사와 교감하고 싶은 마음이 강렬해서 인간의 음성을 따라 하게 되었다'라고 나옵니다. 논문을 읽고 운 건 처음이었어요.

코끼리는 10마리 이상 가족끼리 떼를 지어 사는 동물인데 동물원에서 태어난 코식이는 태어나면서부터 유일한 친구가 김종갑 사육사 한 명밖에 없었습니다. 사람을 두려워하고 거리를 두려고 하고 우울증에 시달리고 있었지요. 그런 코식이의 마음 문을 열고 변화시킨 건 아저씨의 사랑과 진심의 칭찬이었습니다. 진심으로 사랑하고 칭찬하면 코끼리도 인간의 말을 따라 하게 되네요.

내 자녀, 내 가족도 마찬가지입니다. 진심으로 사랑하고 칭찬하는 언어로 말하면 우리의 사랑은 잘 전달되고 어느 가족이든 공감하고 소통 잘하는 가족으로 성장할 수 있습니다.

공감 대화 보충수업

다들 밖에서는 대화를 잘합니다. 그리고 모두가 '난 대화를 잘하는 사람이야'라는 착각을 해요. 그런데 집에만 오면 목에 필터가 없어집니다. 소통의 핵심은 바로 경청과 공감입니다. 말을 잘하는 게 중요한 게 아니라 잘 듣는 것부터 해야 해요. '경청傾聽'이라는 단어와 '공감共感'이라는 단어에는 똑같은 한자가 들어가 있습니다. 바로 마음 심心입니다. 상대의 말을 잘 듣는 건 귀가 아니라 마음으로 하는 거예요. 그런데 우리는 상대가 말할 시간을 주지 않습니다. 우선은 꾹 참고 상대의 말을 마음으로 들어주는 것부터 시작해야 합니다.

상대의 말을 잘 들어주려면 무엇부터 해야 할까요? 내 마음에 분노가 가득 차 있으면 다른 사람의 말이 들어오지 않아요. 그래서 내 마음부터 잘 비워내야 합니다. 컵에 남편에 대한 짜증, 자식에 대한 짜증, 분노와 억울함 같은 감정이 가득 차 있다면 다른 좋은 감정이 들어갈 자리가 없지요. 우리의 마음 그릇은 풍선처럼 늘어났다가 줄어드는 게 아니라 똑같은 크기의 것이 가슴속에 들어 있습니다. 마음 그릇이 큰 사람도 있고 원래 작은 사람도 있는데, 원래 작은 사람은 자주 비워야 합니다. 이걸 다 비워내야만 여기에 좋은 감정, 희망의 감정, 긍정의 감정을 채울 수 있는 거예요.

마음 그릇을 비워내려면 누군가가 들어줘야만 합니다. 그 관계를 밖에서 찾는 건 사실 쉽지 않습니다. 그러니 서로 불만을 이야기하게 되었을 때는 상대의 이야기를 먼저 들어주면서 '아, 저 사람 마음속에 있는 불만을 비워내는 과정이구나' 하고 생각해보세요. 그다음에 내 이야기를 하면 상대의 마음에 내 말이 담길 공간이 생기는 거예요. 그 수혜자는 바로 나입니다. 우선 잘 들어주면 저 사람 마음에 있는 부정적인 감정이 비워지기 때문에 나의 좋은 말이 잘 담기는 거죠.

공감 대화가 가장 잘 이루어지지 않는 곳은 어디일까요? '가정'이라는 대답이 가장 많았습니다. 그럼 나에게 가장 상처 주는 말을 많이 하는 사람은 누구일까요? 그것 역시 '가족'이라고 합니다.

가족은 가장 아끼고 가장 사랑하는 관계인데, 왜 가장 상처 주는 존재가 되어 있을까요? 밖에서는 친절하던 말이 왜 집에만 오면 필터 없이 마구 나가는 걸까요?

"나에게 가장 상처 주는 사람은 누구인가요?" 하고 여쭤봤더니 기혼자는 아내, 남편이라는 대답이 압도적으로 많았고, 부모의 경우 '자식이다', 자식의 경우 '부모다'라고 말하는 경우가 1위를 차지했습니다.

우리는 누구를 위해서 대화 교육을 받아야 할까요? 가족을 위해서 대화하는 방법을 배워야 합니다. 그럼 공감 대화법 실전 연습에 들어가볼까요?

공감 대화 1 **자주 쓰는 단어와 말투를 돌아보자**
-충고와 평가 멈추기

우리가 집에서 하는 대화는 충고와 평가가 주를 이루는 경우가 많습니다. 사실 똑같은 문장도 말투에 따라 기분이 좋기도 하고 굉장히 나쁘기도 하죠. 그래서 내가 자주 쓰는 말투와 단어를 돌아볼 필요가 있습니다.

우리의 뇌는 언어에 반응을 합니다. 마음에 안 드는 내 가족의 행동이 왜 나온 걸까요? 내 말에 그 사람이 반응해 행동한 거에요. 내가 한 말이 그 사람에게 마음에 안 드는 행동을 하도록 유발한 것입니다.

"엄마는 왜 만날 화내면서 말해요?"라는 말 많이 들어보셨을 거예요. "엄마, 화내지 않고 말하서도 제가 잘 알아들어요"라고 하면 내가 언제 화를 냈냐고 또 화를 내세요. 자기의 말투는 자기가 잘 모릅니다. 그래서 누군가가 조언해줬다면 기분 나빠하지 말고 녹음을 해서 들어보는 것도 도움이 될 수 있습니다.

우리의 뇌는 긍정적인 단어, 부정적인 단어 중에 부정적인 단어를 훨씬 오래 기억합니다. 화면에 긍정적인 단어 50개, 부정적인 단어 50개를 5분 동안 보여드린 다음 종이를 주면서 기억나는 단어를 써보시라고 하면 부정적인 단어, 특히 욕설을 훨씬 더 많이 구체적으로 쓰십니다. 그래서 우리는 말조심을 해야 하고, 막말이나 욕설을 해서는 안 되는 겁니다. 누군가에게 칭찬받은 걸 평생 되새기고 은혜를 갚아야지 하는 경우는 많지 않아요. 하지만 누군가가 내게 막말을 하고, 굴욕을 줬을 때는 50년 지나도 잊히지 않는 경우가 많죠. 3초 만에 내뱉은 말이 30년의 감옥이 될 수도 있고, 3초 만에 뱉은 단어가 내 배우자의 마음에 30년 상처로 남아서 평생 해결되지 않을 수도 있는 겁니다.

| 공감 대화 2 | **표정 언어에 주의하자**
-비난, 경멸은 표정으로 더 잘 드러난다 | |

더 중요한 것은, '표정 언어'에 유의해야 한다는 것입니다. 표정은 남자보다 여자가 훨씬 더 풍부하지요. 그래서 더 조심해야 합

박상미의 가족 상담소

니다. 보통 우리는 안 싸우는 부부를 좋은 관계라고 생각하지만, 그렇지 않습니다. 안 싸우는 부부는 자신의 감정을 표현하지 않기 때문에 갈등을 안으로만 쌓는 거예요. 부부 관계뿐만 아니라 부모 자식 관계도 마찬가지입니다. 자주 싸우고 자주 푸는 가족일수록 그 관계가 건강합니다. 그런데 중요한 건 '잘 싸우고 잘 화해해야' 한다는 거죠. 우리는 '잘 싸우는 것'을 정말 못하고, 화해는 더 잘 못합니다.

싸울 때 꼭 유의해야 할 것이 있습니다. 평소에 사이가 좋을 때 '배우자의 큰 상처, 절대로 건드려서는 안 되는 부분, 배우자가 싫어하는 단어들'을 기억해두었다가 싸울 때 쓰지 않도록 하는 겁니다.

비난하고 경멸하는 표정은 남자보다 여자가 10배 더 발달되어 있습니다. 얼굴 근육을 쓰는 것 자체가 다르기 때문입니다. 여자들이 가진 놀라운 기술 중 하나가 말로 하지 않아도 표정으로 이야기할 수 있다는 거예요. '웃기시네', '말도 안 되는 소리 하지 마', 혹은 콧방귀로도 너무나 표현을 잘해요. 그런데 이 표정의 독은 말의 독보다 남자들의 심리에 더 큰 상처를 낼 수 있다는 걸 기억하셔야 합니다. 표정의 언어도 유의하셔야 한다는 겁니다.

화해의 기술

학자들이 이혼하는 부부와 행복한 부부를 조사해보니까 일반적으로 생각하는 성격 차이 때문이 아니라, 싸운 다음 화해하는 방식에 따라서 이혼하느냐 안 하느냐로 나뉘었다고 합니다. 행복한 부부는 안 싸우는 부부가 아니라 싸운 다음 화해를 잘하는 사람들이라는 거예요. 화해를 가장 못하는 사람들이 우리나라 사람들입니다. 남편분들은 자존심 때문에 부끄러워서 화해를 더 잘 못하세요. 화해는 다음 세 가지가 중요합니다. 빠르게 사과하고, 삐지지 말고, 용서하는 것! 잊지 마세요.

상담을 하다 보면 특히 남자분들이 이런 이야기를 많이 해요.

"저는 이상하게 대인관계가 잘 안 돼요."

"이상하게 직장에서 소통이 안 돼요."

가정에서 소통이 안 되면 사회에서도 소통이 안 됩니다. 부부싸움을 하고 나면 아내분들이 남편을 투명인간 취급하기도 해요. 싸운 뒤에는 남편들이 어떻게 해서건 아내에게 말을 걸려고 하는 성향이 강했습니다. 그런데 아내들은 '말 안 하기'를 가장 많이 선택합니다. 왜냐하면 부부싸움 후에 불편한 건 남자들이거든요. 먹는 것 하나, 입는 것 하나까지 불편한 게 너무 많아요. 남편들의 심리적 위축이 더 큰 거죠.

집에서 의사소통이 잘 되어야만 나가서도 의사소통이 잘 됩니다.

박상미의 가족 상담소

"그랬구나"로 시작

　저는 재소자 교육을 9년째 하고 있는데, 재소자 교육을 하다 보면 다양한 사람들을 만납니다. 그중 살인자를 만났을 때, 살인이 일어나는 데 걸리는 시간은 6초면 충분하다는 것을 알게 되었습니다. 그런 인생의 엄청난 사고를 유발한 것은 누군가의 굴욕적인 말 한마디였습니다. 여자들은 누군가에게 굴욕적인 말을 들어도 '나는 그런 사람이 아닌데, 진짜 사람 볼 줄 모르네'라는 마음을 잘 가질 수 있어요. 그런데 남자들은 누군가가 굴욕을 주면 순간적으로 그걸 잘 못 참아요. 그래서 우발적으로, 6초 만에 큰 사고가 날 수 있는 겁니다.

　나쁜 마음을 먹지 않도록 하는 방법이 있어요. 누군가가 '그랬구나' 하고 내 이야기를 잘 들어주면 싸움이 잘 일어나지 않습니다. 부부 싸움을 할 때도 아내가 너무 속상해서 "내가 몇십 년 동안 얼마나 고생을 했는데, 밥 잘 안 차려준다고 내게 이렇게 할 수가 있어?" 하면 우선 다 들어주고 "그랬구나"라는 한 마디를 해보세요. 여자들은 이 한 마디에 눈물부터 흘리는 경우가 정말 많습니다. 백 마디 말로 사과하는 것보다 "그랬구나" 한 마디가 훨씬 더 효과가 있습니다. 그때 주어는 '나'가 되어야 해요. 우선 열심히 들은 다음에 "그랬구나, 나라도 화났을 거야", "그랬구나, 내가 당신이라도 억울했을 거야"라고 하는 거지요.

우린 모두 '그랬구나'라는 말을 듣고 싶은 거예요. 내 마음을 이해받고 싶은 거예요. 거기서부터 공감 대화는 시작됩니다. 이제부터 부부 싸움을 할 때 상대에게 말할 기회를 먼저 주고 "그랬구나, 나라도 그랬을 것 같아" 한 다음 "그런데……" 하고 내 말을 해보세요.

그다음 방법은 의견을 묻는 것입니다. 따지지 말고 상대의 의견을 묻는 거예요. 그때 주어는 '우리'가 되면 됩니다. 불만을 다 들어주고 나서 "그래, 그럼 나보고 어떻게 하라고!" 하는 게 아니라 "우리가 어떻게 하면 좋을까?"라고 묻는 것입니다. 그러면 싸워야 할 남남이 아니라 협력해야 할 동지, '우리'라는 마음이 드는 거죠. "그래, 내가 충분히 들었어. 그러면 우리가 어떻게 하면 좋을까?" 하고 공감해주면 내 마음을 존중받는 느낌이 들어요. 그렇기 때문에 나의 의견만 주장하고, '이 사람을 고쳐서 내 마음에 드는 인간으로 만들어야겠다'라는 마음이 없어집니다. 상대를 존중하면서 "아냐, 당신 먼저 말해봐. 내가 들어보고 얘기할게" 할 수 있는 여유가 생기는 거예요.

부부란 두 사람만의 사소한 기억들로 지은 추억의 집이다.

저희 어머니가 하신 말씀입니다. 어머니는 올해 74세이신데,

아버지가 돌아가신 후 아주 오랜 기간 혼자 살고 계세요.

저희 어머니는 아버지가 술을 드시고 오셔서 천장을 뚫을 듯이 코를 골며 주무시는 걸 제일 싫어하셨습니다. 그런데 지금은 그 코 고는 소리가 그렇게 그립다는 거예요. 아버지 돌아가시고 나서부터 수면제를 드셨는데, 잠이 안 오는 이유를 알았다고 합니다. 코 고는 소리가 나에게는 싫은 소리가 아니라 자장가였다는 걸. "느그 아버지 코 고는 소리는 박자도 어쩜 그렇게 딱딱 맞는지 잠이 진짜 잘 왔다" 하시더라고요. 또 아버지가 주무시다가 갑자기 어머니한테 다리를 척 걸치기도 했는데, 그것도 그렇게 그리우시다고 하시더라고요. 지금은 좋은 침대에서 혼자 자지만, 자다가 깨면 너무 조용해서 다시 잠이 잘 안 온다고요. 저희 어머니 말씀이, 어마어마하게 좋은 추억이나 해외여행 갔던 거, 명품 사준 게 추억이 아니라 정말 사소한 것들이 추억이라고 하셨습니다.

어떤 분은 부인이 방귀를 정말 잘 뀌었는데, 항상 일어나서 누가 방귀를 뀌었냐고 하셨답니다. 그런데 그 부인이 죽고 나니까 잘 때마다 부인의 방귀 뀌는 소리가 그립다고 말씀해주시기도 하셨어요. 사소한 것들이 세월이 지나면 추억이 될 수도 있는 것입니다.

앞으로 남은 40~50년을 지금처럼 외롭고 쓸쓸하고 우울하게 살 것인가, 아니면 새로운 도전을 해서 새로운 인생을 살아볼 것인가는 우리에게 달려 있습니다. 우울하고 혼자 우는 상대를 보

면서 괴롭게 살 것인가, 아니면 서로의 입장을 이해하고 힘이 되
어주며 당당한 부부로 남은 인생을 살 것인가.

그 선택은 우리에게 달려 있습니다.

15 내 가족
고민 상담실

'내 가족의 고민 상담사가 되자.'

가족을 위로하고 응원하는 법을 함께 공부해보겠습니다. 비용
을 내고 전문 상담사에게 가서 가족 상담을 받는 것도 효과가 있
겠지만, 사실 내 가족의 문제를 가장 잘 알고 위로하고 해결해줄
수 있는 사람은 우리 자신입니다.

엄마, 미안하다고 한 번만 말해주세요

Q "어렸을 때부터 남동생과 차별을 받으면서 자랐습니다. 부모님은 항상
남동생부터 챙겨주셨고, 저희가 다투는 일이 생기면 항상 남동생 편이

자식이 여러 명 있는 집일수록 이런 갈등은 꼭 있더라고요. 부모님은 똑같이 사랑했다고 말씀하시는데 자녀들은 받은 사랑이 다르다고 답합니다. 실제로 부모님이 남동생과 누나를 정말 차별했을 수도 있습니다. 그런데 간혹 부모님은 차별하지 않았으나 더 사랑받고 싶은 욕구가 강해 남동생에게 사랑을 뺏겼다, 부모님이 차별했다고 말하는 경우도 있습니다.

사람마다 타고난 기질이 다르고 사랑을 받아들이는 마음의 온도도 다릅니다. 그런데 부모님들도 가끔 실수를 하시는 건 사실인 것 같습니다. '열 손가락 깨물어서 안 아픈 손가락 없다'는 속담이 있긴 하지만, 상담을 해보면 그래도 그중에 더 예쁜 자식이 있고 좀 덜 예쁜 자식이 있는 경우가 있더라고요.

이런 경우도 있습니다. 아들을 못 낳아서 굉장히 마음고생을 하던 어머니들이 아들을 낳게 되면, 그 아들을 너무 애지중지해서 딸들을 섭섭하게 하는 경우입니다. "나도 자식들을 똑같이 사랑하고 싶었는데 시부모님께서 어찌나 아들, 아들 하던지 내 마음에 한이 좀 많이 쌓였던 것 같아요. 스트레스가 많았던 것 같아요. 그러다가 아들을 낳고 나니깐 내 인생의 보상을 그 아들이 준 것 같아서 왠지 아들에게 마음이 좀 더 갔던 게 사실입니다. 딸들은 워낙 착해서 섭섭해할 줄 몰랐습니다. 돌이켜보면 딸을 사랑하지 않은 것은 아닌데, 아들에 대한 걱정 때문에 아들에게 좀 더 마음을 쓴 건 맞는 것 같아요. 우리 딸들이 상처를 받았다면 지금이라도 사과하고 싶습니다"라고 말하는 부모님들도 계시더라고요.

이렇게 용기 내어 한번 물어보세요.

"엄마, 내가 자랄 때 남동생이랑 나를 차별했다는 느낌이 들어서 나는 항상 마음이 아팠어요. 엄마, 엄마는 어릴 때 우리가 싸우면 왜 남동생 편만 들었어요? 엄마, 왜 그랬는지 말해줄 수 있어요?"

그러면 "너는 정말 착하고 온순하고 말 잘 들으니까 내가 덜 챙겼을 뿐이지 마음은 똑같았다, 마음 아프게 해서 미안하다"라고 말씀하실지도 모릅니다.

부모님께도 늦었지만 나에게 사과할 수 있는 기회를 제공해주는 것도 좋겠습니다. 부모님의 사과를 받고 나면 마음이 풀리지요. 앞에서 부모 자식이 주고받은 상처에 대해서 말했었는데요, 그 내용들을 다시 한번 되새기면서 부모로부터 받은 상처를 스스로 치유하고 나의 행복을 선택하는 용기를 내시길 바랍니다.

Q "유치원에 다니는 자녀가 마음대로 되지 않으면 무조건 떼를 쓰고 가끔 폭력적인 성향을 보이기도 합니다. 좋은 말로 타이르고 달래줘도 나아 지지 않는 아이의 행동, 어떻게 고쳐야 할까요?"

이 질문 속에 문제의 상황이 고스란히 드러나 있습니다. '좋은 말로 타이르고 달래줘도 나아지지 않는다'는 것을 이미 알고 있습니다.

그러면 부모가 행동을 바꾸어야 할 때입니다. 요즘 부모님들은 아이가 떼쓰고, 고집부리고, 울고, 발버둥 치면 너무 당황해요. 빨리 이 아이의 행동을 멈추게 해주는 것이 좋은 양육이라고 착 각하고 있습니다.

아이가 떼쓰고, 소리 지르고, 울고, 폭력적인 성향을 보일 때는 오히려 무덤덤하게 딴청을 피우십시오. 못 본 척하십시오. 아이 가 떼를 부린다고 어쩔 줄 몰라 하면서 원하는 걸 맞춰줄수록 아 이는 그 행동을 계속 반복하게 됩니다. 또한 지나치게 야단치면 서 "하지 말라고 했지"라고 아이를 자극해도 아이는 욕구 불만 때 문에 행동을 더 강화하게 될 수 있습니다.

조금만 참고 딴짓을 하거나 무관심하게 가만히 있어보세요. '떼 를 써봤자 안 되는구나. 떼를 써봤자 내가 원하는 걸 얻을 수 없구

나. 이 방법은 잘못됐구나'라는 것을 아이가 몸으로 체득해야 합니다. 내가 욕구를 어떻게 표출해야 부모님이 잘 받아주실까 아이도 고민할 수 있다는 거지요. 아이가 떼쓰지 않고, 화내지 않고, 폭력적으로 행동하지 않고 자기가 원하는 걸 말로 했을 때 그걸 흔쾌히 수락하고 잘했다고 칭찬해주세요.

"그래, 오늘은 떼쓰지 않고 네 마음을 잘 말했지? 엄마도 기분이 좋아. 네가 원하는 걸 엄마가 해줄게."

이때 아이가 원하는 보상을 해주면 됩니다. 보상 시스템을 잘 활용할 때 아이들은 몸으로 느낄 수 있습니다. '아! 떼쓴다고 되는 게 아니구나. 폭력적으로 행동한다고 내 욕구가 충족되는 게 아니구나' 하고 말이지요. "엄마, 이거 도와주세요"라고 요청했을 때 반드시 보상이 돌아온다는 것을 아이가 학습할 수 있도록 침착하게 기다려주는 연습이 필요합니다.

Q **"자녀 교육 방식이 너무 달라서 부부 갈등을 겪고 있습니다. 이견이 좁혀지지 않는데 어떻게 풀어가야 할까요?"**

정말 좋은 질문이에요. 우리는 부모 교육을 받아본 적이 없기에 좋은 부모에 대한 상이 모두 다릅니다. 서로 다른 사람이 30년 가까이 살다가 만나 결혼했기 때문에 부모의 자녀 교육관이 일치하기는 어렵습니다. 하지만 일관성이 필요합니다. 부모님의 양육 방식에 일관성이 없을 때 아이들은 혼란을 겪게 됩니다.

"아빠는 된다고 했는데 엄마는 왜 못 하게 해요?", "엄마는 된다고 했는데 아빠는 왜 그래요?"

내 욕구를 좀 더 잘 들어주는 부모와 친해지면서 내 욕구를 잘 들어주지 않는 부모를 왕따시키는 집도 있습니다. 주로 엄마와 아이들이 한편이 되고 나이 들수록 아빠가 왕따가 되는 가족도 있어요.

결혼하고 아이를 낳기 전에 자녀 양육에 대해 토론을 많이 하는 게 좋습니다.

"아이를 양육할 때 이렇게 하자. 이런 방식으로 하자."

아이에게서 문제점이 발생했을 때 그 자리에서 아이를 양육하려고 하지 말고 잠깐 부부 회의를 하십시오. 아이를 앞에 두고 양육에 대한 의견 충돌로 싸우는 모습을 보여주는 건 금물입니다.

"어떻게 반응해야 될까, 우리가 함께 말과 행동을 일치시키자."

일관성이 정말 중요합니다. 그래야 좋은 훈육이 가능합니다. 이것은 이혼한 가정도 마찬가지예요. 부부가 이혼했더라도 양육은 끝까지 함께해야 합니다. 부부의 연은 끊어졌지만, 아이가 성인이 될 때까지 양육자로서의 책임이 없어지는 건 아니기 때문입니다. 아이의 엄마, 아빠라는 이름은 없어지지 않기 때문이지요.

의견이 다르다면 회의를 하십시오.

"일관성이 중요하대."

그리고 서로가 반반 양보하십시오. 가장 좋은 것은 내 입장에서 생각하지 말고 아이의 입장에서 생각하는 겁니다.

'아이에게 정말 필요한 게 뭘까. 우리가 아이를 어떻게 도와주면 좋을까.'

　앞에서 우리가 배운 공감과 소통의 방식들을 생각하면서 부부회의를 통해 양육 방식을 일관성 있게 적용해주시기 바랍니다.

> **Q** "워킹맘으로 일과 육아를 동시에 하기가 너무 버겁습니다. 출근할 때마다 아이가 우는 모습을 보면 마음이 아프고, 퇴근한 뒤에는 체력적으로 힘들다 보니 아이를 잘 챙기지 못하는 것 같아 죄책감이 듭니다. 일을 그만둬야 할까요?"

　아이들은 어릴 때 엄마가 나가면 다 울어요. 그리고 엄마와 함께 있길 바랍니다.

　그런데 이게 몇 살 때까지인지 아세요? 정말 길게 잡아도 7세면 끝납니다. 아이가 7세가 된 이후에는 엄마를 꼭 필요로 하지 않습니다. 그때는 어떡하실 거예요? 아이들은 오히려 일을 열심히 하는 엄마를 보면서 더 많은 것을 배웠습니다. 열심히 사는 엄마, 열심히 일하는 엄마, 열심히 일하면서도 좋은 엄마가 되고자 노력하는 우리 엄마를 존경하는 아이들이 많았다는 거지요.

　너무 완벽하려고 애쓰지 마십시오. 일도 완벽하게, 엄마의 역할도 완벽하게, 다 완벽하려고 애쓰면 번아웃이 돼서 쓰러집니다. 오히려 아이에게 솔직하게 이야기하세요.

"엄마 좀 도와줘. 엄마 일해야 되는 거 알지? 엄마가 퇴근하고 오면 짧은 시간이지만 더 많이 놀아줄게. 확실하게 사랑을 줄게."

양보다 질이 중요합니다. 하루 종일 같이 있으면서 아이한테 짜증 내는 엄마보다 저녁에 두세 시간이라도 함께하면서 확실한 사랑과 공감과 지지를 주는 엄마가 훨씬 좋은 엄마입니다.

몇 년만 참고 견디세요. 그리고 아이에게 "미안해", "사랑해"라는 말을 많이 하십시오.

제발, 자식 앞에서 싸우지 마세요

Q "가계 수입이 줄면서 사소한 일에도 예민해지고 남편과 싸우는 일이 많아졌습니다. 매일 반복되는 싸움으로 대화가 단절되었습니다. 어떻게 풀어야 할까요?"

돈 때문에 싸우는 가족이 정말 많아요. 경제적인 어려움은 우리의 마음을 지치게 하고 당장 생활을 불편하게 만들기 때문이지요.

돈 때문에 고생하는 게 내 가족이 갑자기 불치병을 얻어서 병과 사투를 벌이는 것보다는 훨씬 나은 일이라고, 아픈 가족을 둔 가족들이 저에게 늘 말해줍니다. 내 가족이 돈 때문에 고통을 겪고 있지만 건강한가요? 그럼 거기에 먼저 감사하지요.

돈 때문에 힘들어서 싸우는 일은 우리가 사는 동안 어쩔 수 없이 계속 일어날 거예요. 배우자가 게을러서 일어난 문제라면 싸울 만합니다만, 배우자가 열심히 일하는데도 불구하고 환경이나 어쩔 수 없는 상황 때문에 경제적으로 어려운 것이라면 지금은 서로를 위로해야 될 때입니다.

또한 싸우는 모습을 아이들에게는 보여주지 마세요. 아이들은 부모가 싸우는 모습을 보면 불안과 공포를 느낍니다. 이 경우 아이들의 우울증 지수가 높아졌고요, 인간관계에 대한 공포도 높아졌습니다. '사랑해서 결혼하고 아이까지 낳은 우리 부모도 이렇게 싸우는데 밖에서 만난 인간관계는 얼마나 쉽게 깨어질까'라는 생각을 갖게 되는 거지요.

그리고 아이들은 부모가 돈 때문에 싸울 때 돈에 대한 불안과 공포가 생겼습니다. 그래서 연인과 배우자를 선택할 때 기준이 돈이 되는 경우도 많았습니다. 돈이 행복의 전부가 아니라는 것, 우리는 이미 깨달았잖아요. 자녀들이 돈 때문에 싸우는 부모의 모습을 보고 배우지 않도록 조심하면 좋겠습니다.

요즘 이혼하고 싶다는 상담을 많이 받습니다. "이혼해도 될까요?"라고 묻는 사람들은 사실 남편보다 아내들이 많습니다. 저는 이혼 상담을 요청해오는 분들을 만날 때 꼭 내주는 숙제가 있습니다. 아내와 남편에게 똑같은 숙제인데, 이혼했을 때 내가 얻을 수 있는 이점 1번부터 20번까지를 쓰게 하는 것입니다. 그다음으로 내가 이혼했을 때 걱정되는 점, 잃을 수 있는 것도 1번부터 20번까지 쓰라고 합니다. 두 사람 다 일주일 내내 고민해서 20개를 무조건 채워야 합니다. 그 과정을 통해서 "저 답을 얻었어요. 다음 상담 안 가도 될 것 같습니다"라고 말하는 사람이 많습니다.

사실 부부는 살면서 누구나 한 번쯤은 이혼을 고민하는 것 같습니다. 이혼하려고 법원에 네 번이나 다녀왔지만 나이 들수록 더욱 사랑하며 잘 사는 부부도 있습니다. 막연하게 '이혼하고 싶다'는 생각이 들 때는 종이 앞에 앉아서 내 진심을 마주해야 합니다. 이혼했을 때 얻을 이점, 이혼했을 때 걱정되는 점, 또는 내가 잃을 것 같은 것을 쭉 써보면 확실하게 답이 보인다는 거지요. 이점이 많은 사람도 있고, 걱정되고 잃을 게 더 많은 사람도 있습니다. 사람들은 내가 잃을 것에 대해 더 집중하게 됩니다. 잃을 게 더 많다면 이혼을 하지 않고 회복하는 방향을 고민하는 단계로 나아갈 수 있습니다.

다른 사람들의 고민을 들어보면 우리 집의 고민이 자연스럽게 풀리기도 합니다. 내 가족의 가장 좋은 상담사는 나 자신이라는 것, 잊지 말아주세요.

박상미의 가족 상담소

16

사랑은 배우고
익혀야 할 기술이다

행복한 가정은 단기간에 만들어지지 않습니다. 지금 불행하다고 해서 영원히 불행한 것도 아닙니다. 가족에 대해서 너무 몰랐기 때문에 실수했지만 이제부터라도 배우고 연습하면 더 행복하고, 더 사랑하는 가족으로 나아갈 수 있습니다.

자, 눈을 감고 가만히 '사랑'이라는 단어를 떠올려보세요. 무엇이, 누가 떠오르나요? 나는 어떨 때 사랑을 받고 있다고 느끼나요? 느껴보면 말로 표현하기도 쉬워집니다. 사랑은 그냥 본능적으로 생겨나는 것일까요? 사랑은 내가 베풀면 상대가 그냥 느껴주는 것일까요?

사랑은 배우고 익혀야 할 기술입니다. 우리는 사랑을 어떻게 전달해야 상대방의 심장에 가서 닿을지 잘 알지 못해요. 그 사람의 사랑의 언어와 나의 사랑의 언어가 다르기 때문입니다. 사랑의 언어가 다르면 소통이 잘 안 돼요. 그래서 외국어를 배우듯 사랑의 언어를 배워야 한다고 말합니다.

『5가지 사랑의 언어』라는 책을 쓴 게리 채프먼 박사는 사랑의 언어를 다섯 가지로 규정합니다. 그는 40년 동안 부부 상담, 가족 상담을 하면서 가족이 서로 갈등하는 이유는 사랑의 언어가 다르기 때문이라는 것을 알아냈습니다. 이 책은 전 세계 사람들에게 오랫동안 베스트셀러로 읽히고 있는 책입니다. 우리 이 책에서 한 수 배워볼까요? '사랑은 배우고 익혀야 할 기술이다'라는 걸 우리가 알고, 그 기술을 지금부터 배워볼 것입니다.

외국어를 배우듯 사랑의 언어를 배우기

상대방이 쓰는 사랑의 언어를 배우고 사용할 때 우리의 관계는 긍정적으로 변화하기 시작합니다. 사랑의 언어, 게리 채프먼 박사가 가르쳐준 그 언어를 한번 이해해보겠습니다.

1. 인정하는 말
2. 함께하는 시간
3. 봉사

4. 선물

5. 스킨십

다섯 가지가 우리 마음속에 들어 있는 사랑의 언어입니다. 당신의 사랑의 언어는 무엇입니까? 내 가족의 사랑의 언어는 무엇인지 한번 살펴보세요. 다섯 가지 언어의 순위를 나열해보는 것도 좋습니다. 저의 사랑의 언어는 1위 인정하는 말, 2위 함께하는 시간, 3위 스킨십, 4위 선물, 5위 봉사입니다.

저희 가족 모두에게 물어봤을 때 이 순위가 모두 달랐습니다. 그중에 특별히 눈에 띄는 차이가 있었어요.

나	어머니
1위 인정하는 말	1위 봉사
5위 봉사	5위 인정하는 말

저희 어머니는 평생 저에게 '봉사'로 사랑을 말했지만 저는 알아듣지 못했고, 저는 '인정하는 말'로 칭찬해주지 않는 저희 엄마에게 평생 섭섭함을 가지고 있었더라고요.

사랑을 전달하려면 내 사랑의 언어가 아니라 그가 좋아하는 사랑의 언어로 말해주어야 합니다. 사랑의 언어를 알면 서로의 사랑이 전달됩니다. 다른 점을 인정하고 이해할 수 있습니다. 상대를 위해 상대가 좋아하는 사랑의 언어를 사용하는 것은 가장 위대한 도전입니다. 그가 좋아하는 언어로 말해야만 나의 사랑이 전달된다는 것, 기억하세요.

첫 번째, 인정하는 말입니다. 인정하는 말을 좋아하시는 분은 가족들에게 말해주세요.

"나의 사랑의 언어는 인정하는 말이야."

인정하는 말은 있는 그대로의 인격과 능력을 믿고 칭찬하고 격려해주는 것입니다. 부드럽고, 친절하고, 겸손한 말투가 중요해요. 인정하는 말이 사랑의 언어인 사람들은 말투 하나에도 큰 기쁨을 느끼고 말투 하나에도 큰 상처를 받습니다. 그래서 우리는 내 가족 중에 인정하는 말을 좋아하는 사람이 있다면 이 언어를 배워야 합니다.

사소한 일이더라도 인정해주세요. 변함없는 진심과 믿음을 전달하세요. 일관성이 있어야 합니다. 그리고 칭찬은 아껴두고 묵혀두지 말고 바로바로 해야 합니다. 결과보다는 과정을 칭찬하세요. 또한 내가 했다고 해서 상대방에게 강요하지 않아야 합니다.

우리가 섬세하게 지켜야 할 것들이 많지요? 사소한 일일지라도 인정하는 것이 중요합니다. 우리는 크고 거창한 일만 인정하려고 하는 경향이 있어요. 사소한 일을 인정하고 변함없는 진심을 전달하고 일관성 있는 마음으로 칭찬을 바로바로 전하고 결과보다 과정을 칭찬할 때 내 가족은 성장할 수 있습니다.

이 인정하는 말을 참 잘하지 못하는 부모들이 있어요. 상처가 많은 부모일수록 인정하는 말을 잘 못합니다. 그 상처의 뿌리는 우리 부모님의 마음속에도 있습니다. 인정받지 못하고, 칭찬받지 못했던 우리 부모님의 상처를 한번 들여다보면 부모님을 용서하기 쉬워질 거예요. 이해하기 쉬워질 것입니다.

저는 마흔이 넘은 어느 날, 울면서 엄마한테 항의했어요.

"엄마는 평생 나를 한 번도 칭찬해주지 않았어요."

그리고 울면서 출근을 했지요. 밤늦게 집에 돌아왔을 때 저희 엄마는 불을 끄고 주무시고 계시더라고요. 저는 섭섭한 마음을 그대로 안고 제 방에서 잠들었습니다.

그런데 새벽 3시에 갑자기 문자 알림 소리가 들리는 거예요. 열어보니 엄마였어요.

"딸아, 미안하다……."

저는 그 말을 본 순간 눈물이 터져버렸어요. 처음으로 들어보는 미안하다는 말이었거든요.

"엄마가 마음은 안 그런데, 엄마가 자랄 때 부모 사랑을 못 받고 자라서 어떻게 표현해야 될지 잘 모르겠다. 엄마가 70이 넘었지만 지금부터 노력해볼게. 미안하다"라고 쓰여 있더라고요.

저는 그때 그 문자에서 '엄마가 자랄 때 부모 사랑을 못 받고 자라서'라는 문장에 빨간 줄을 긋게 되었습니다.

'아, 엄마의 아픔이었구나. 엄마도 못 받아봐서, 몰라서 못 해줬던 거구나.'

그때부터 엄마의 아픔을 돌아보기 시작했습니다. 그리고 제가 듣고 싶은 말들을 엄마한테 역으로 하기 시작했어요. 엄마를 응원하고, 작은 것 하나에도 칭찬을 마다하지 않았어요. 그랬더니 저희 엄마도 저를 칭찬하고 지지하는 말을 하기 시작하시더라고요.

상처 많은 부모일수록 인정하는 말을 잘 못하십니다. 이걸 알고 나면, 내 부모님과 좀 더 가까워질 수 있을 거예요.

상대에게 온전히 집중하는 연습

두 번째, 함께하는 시간이 사랑의 언어인 분도 가족들에게 알려주어야 합니다. 난 이런 걸 좋아하는 사람이라고요. 그에게 전적으로 관심을 집중하는 것, 이것이 함께하는 시간에서 중요합니다. 그 사람의 관심에 집중해야 합니다. 눈을 마주보며 그 사람의 이야기를 듣고 소통해주세요. 무관심하거나 집중하지 않는 태도는 버리세요. 진심으로 들어주고 함께하는 느낌을 전달해야 합니다.

이런 경우가 있어요. 함께하는 시간을 좋아하는 아이들은 끊임없이 엄마, 아빠한테 "엄마! 엄마! 아빠! 아빠! 오늘 이런 일이 있었어요. 제 얘기 좀 들어보세요"라고 매달립니다. 그런데 엄마가 설거지를 하면서 "듣고 있어. 말해, 말해"라고 할 때 이 아이들은 큰 상처를 받아요. 아빠는 컴퓨터를 하면서 아이한테 말합니다. "응, 아빠 듣고 있어. 말해, 말해. 빨리 말해. 아빠 듣고 있다고." 함께하는 시간이 사랑의 언어인 아이들은 큰 상처를 받게 됩니다. '엄마, 아빠는 나를 사랑하지 않아'라고 느낄 수도 있는 거지요.

관심을 전적으로 집중해주어야 한다는 것, 잊지 마세요.

사랑하는 사람을 위한 위대한 도전

세 번째는 선물이에요. 선물이 제1의 언어인 사람도 간혹 있습니다. 그럼, 소문을 내야 됩니다. "나는 선물을 받을 때 사랑을 느껴"라고요.

자, 선물이 사랑의 언어인 사람에게는 이렇게 해주셔야 돼요. 액수와 상관없이 사랑의 상징을 주는 게 중요합니다. 액수와 상관없기 때문에 의미를 담아야 돼요. 한 줄이라도 카드를 써야 돼요.

'나는 당신을 기억합니다.'

'나는 당신을 사랑합니다.'

한 마디라도 문장을 써주십시오.

그리고 이렇게 하면 더 좋아요. 그 사람을 생각하면서 선물을 준비하세요. 그 사람은 어떤 선물을 좋아할까? 평소에 그 사람의 필요를 생각하세요. 그 사람이 정말 필요한 게 뭘까, 부담이 될 수 있는 요소는 제거하는 게 좋아요. 단, 대가를 기대하거나 요구해서는 안 돼요.

"어, 내가 5만 원짜리 사줬으니까 너도 5만 원짜리 사줘야지."

"나 너 생일날 네가 원하는 거 사줬다. 어버이날에 기대할게."

이런 요구 없이 진심으로 존중하며 선물의 의미를 전달해야 됩니다.

카드에 이렇게 쓰면 좋아요.

'뭘 선물하면 네가 좋아할까 오래 고민했어. 네가 뭘 필요로 할까 오래 고민했어. 그래서 내가 고민 고민 끝에 이 책을 준비했어. 네가 이 책을 받고 정말 기뻐했으면 좋겠다.'

나의 노력과 고민을 글로 표현해주는 겁니다. 그러면 그 선물을 받은 사람은 훨씬 기뻐할 거예요.

네 번째, 봉사예요. 봉사에도 원칙이 있습니다. 말보다는 행동으로 기꺼이 해주세요. 온전히 상대방을 위해 행동하세요. 상대방이 필요한 게 무엇인지 고민하세요. 기쁜 마음으로 자신의 시간과 체력을 희생하세요.

내가 했다고 해서 상대방한테 강요하지 마세요. 봉사가 사랑의 언어인 사람은 말이나 눈빛보다 그 사람이 행동으로 나한테 표현해주는 걸 중요하게 생각합니다. 그래서 내 가족 중 사랑의 언어가 봉사인 사람이 있다면 육체적인 노력을 아껴서는 안 됩니다. 오늘 바로 용기를 내보세요.

마지막 다섯 번째는 스킨십이에요. 성관계를 제외한 신체적인 접촉을 의미하는데요, 스킨십이 제1의 언어라면 결핍될 경우 상당히 위험하다는 걸 알아야 합니다. 내 아이가, 내 배우자가 스킨십을 제1의 사랑의 언어로 꼽았다면 그 사람이 좋아하는 스킨십으로 사랑을 전달해주셔야 합니다. 내가 좋아하는 스킨십이 아니라 상대가 좋아하는 스킨십이 중요합니다. 상대가 좋아하는 방식은 사람마다 달라요. "내가 어떻게 해주는 게 기분이 좋아?", "나는 등 두드려줄 때 좋아", "나는 머리 쓰다듬어줄 때 좋아", "나는 손을 꼭 잡아줄 때가 좋아" 등 스킨십의 방법은 정말 다양하더라고요.

그래서 물어보아야 합니다. "너 스킨십을 좋아한다며? 내가 어떻게 스킨십해줄 때 좋아?" 구체적으로 물어야 합니다. 그러면 구체적으로 사랑이 전달됩니다.

종교를 막론하고 사랑의 언어에 매우 적합한 구절이 성경에 있습니다.

'남에게 대접을 받고자 하는 대로 너희도 남을 대접하라. 너희가 만일 너희를 사랑하는 자만을 사랑하면 칭찬을 받을 것이 무엇이냐. 죄인들도 사랑하는 자는 사랑하느니라.'

여기서 뭘 알 수 있나요? 내가 사랑의 언어를 받고 싶다면 그가 좋아하는 사랑의 언어를 내가 먼저 베풀어주어야 합니다. 죄인들도, 나쁜 사람들도 나를 사랑해주는 사람은 사랑하더라는 거지요. 내가 먼저 사랑의 언어로 말하는 용기를 낼 때 나의 가족도 내가 좋아하는 사랑의 언어로 화답해줄 것입니다. 상대방 마음의 문을 열어야 말문도 열립니다. 감정 소통이 의사소통이라는 것, 잊지 말아주세요.

관계를 살리는 말이 있고 죽이는 말이 있지요. 서로가 좋아하는 사랑의 언어로 소통할 때 우리의 관계는 살아날 것입니다. 상대의 감정을 포착하고 그를 존중하고 배려하고 다가가는 대화를 하는 것, 마음을 얻는 대화를 하는 것 잊지 마세요.

나는 어떤 말을 하는 사람인가요? 내 가족에게 살리는 말을 하는 사람인가요, 죽이는 말을 하는 사람인가요? 우리가 앞에서 보았던 코끼리 코식이의 예를 한 번 더 떠올려주십시오. 아저씨가 알아들을 수 있는 언어로 말해야 내 마음을 알아줄 것이기 때문에 코식이는 잠도 자지 않고 인간의 언어를 연습해서 아저씨에게 말했습니다. 아저씨에게 그 사랑이 전달되길 바라는 마음에서요.

사랑의 언어는 외국어를 배우듯이 배워야 합니다. 상대를 위해 사랑의 언어를 사용하는 것은 가장 위대한 도전입니다. 우리 가

박상미의 가족 상담소

족의 회복을 위해서, 우리 가족의 행복을 위해서, 우리 가족이 더 사랑하기 위해서 용기를 내는 여러분들이 되시기를 바랍니다.

아버지, 울어도 됩니다. 울어야 삽니다.
이제는 '나도 울고 싶고 나도 힘들다'라고 말해도 됩니다.

PART 5

혼자 우는
아빠들을 위하여

　남편의 갑작스런 은퇴로 인해서 부부 사이에 문제가 생겨 상담실을 찾아오는 분들이 갈수록 늘어나고 있습니다. 보통 55세에서 65세 사이에 은퇴를 많이 한다고 알려져 있지만, 실제로는 49세부터 은퇴가 시작되기 때문에 그 이전부터 준비를 해야 합니다. 남편도, 아내도 그 이전에 준비를 못 했기 때문에 갑자기 닥친 상황을 서로 힘들어하지요. 남편들도 울고 싶지만, 슬픈 남편과 함께 사는 아내들도 울고 싶긴 마찬가지입니다. 일본에서도 이와 같은 마음의 어려움이 사회적 문제로 다가왔기 때문에 '은퇴 남편 증후군'이라는 심리학 용어가 생겼습니다. 요즘 우리나라에서도 '은퇴 남편 증후군'이라는 단어를 많이 쓰고 있습니다.

　은퇴 남편들도 힘들지만, 은퇴 남편과 함께 사는 아내들의 우울증도 심각한 문제가 되고 있어요. 남편이 은퇴한 상태에 있는 여자들의 우울증이 그렇지 않은 경우에 비해서 70%나 높다고 합니다. 남편이 쿵쿵거리는 발소리만 들어도, 남편 목소리만 들어도 속이 울렁거린다, 이명이 들린다 하면서 이비인후과를 찾는 아내들이 있다는 우스갯소리까지 나오고 있어요. 왜 그럴까요? 준비 없이 이 상황을 맞닥뜨렸을 때 서로가 겪는 마음의 어려움이 생각했던 것보다 크기 때문입니다.

은퇴 남편들이 가장 부담을 느끼는 부분은 경제적인 문제입니다. 이분들은 '은퇴=사회적인 자살'이라고 받아들일 정도로 심리적인 위축과 충격이 큽니다.

●●● 지금은, 우리 아빠 우울증을 점검할 시간

50, 60대 남자들의 우울증이 정말 심각합니다. 전반적으로 여자들이 우울증에 걸릴 확률은 4배가 더 높은데요, 다행히 여자들은 수다를 떨면서 말로 잘 풀곤 합니다. 그렇지만 남자들은 자존심 때문에 자기의 솔직한 감정을 제일 친한 친구에게도 말하지 못합니다. 말로 잘 푸는 여자들은 우울증에 많이 걸리지만 해소도 잘하는데, 남자들은 여자들보다 우울증에 걸릴 위험은 적어도 자살률은 굉장히 높답니다.

여자는 속상한 마음을 말로 풀고, 남자는 술로 푸는 경우가 많습니다. 사실 '혼자' 술 먹으면서 마음을 푼다고 답을 주신 분들이 많았는데, 그게 가장 위험한 방법입니다. 우울증으로 인한 자살률을 보시면 여자보다 남자의 자살률이 2배 높습니다. 그런데 더 위험한 건 55세 이상에서는 3~4배 높았다는 거예요.

　이런 분들의 특징이 감정을 털어놓을 대상이 한 명도 없었다는 것입니다. 혼자 술을 먹으면 그 순간에는 풀린 것 같지만 실제로는 풀린 게 아닙니다. '삭이다'라는 단어는 '내 마음의 괴로움과 슬픔이 녹아서 진정됐다'라는 뜻인데, 사실 혼자 술을 먹을 땐 삭아서 없어진 게 아닙니다. 친구랑 술을 먹고 얘기를 나누더라도 남자분들은 자신의 진심을 털어놓지 않기 때문에 감정이 마음에 고여요. 그런데 나는 삭였다고 은폐하는 것이지요.

　여자는 우울증을 스스로 잘 극복하지만, 남자들은 스스로 극복할 수 없다는 걸 기억하고 주변에서 반드시 도와줘야 합니다.

　"가까운 사람과 대화하세요"라고 하면 대부분의 남자분들이 하시는 얘기가 "자존심이 상해요"입니다. 가족과 함께 얘기하는 게 가장 좋긴 하지만, 그런 분위기가 예전부터 형성되어 있지 않았다면 갑자기 하려고 해도 말이 나오지 않죠. 이럴 때는 전문가의 도움을 받는 것이 좋긴 하지만, 전문가의 도움을 받으시라고 하면 인생 패배자가 된 것 같다고 말하는 남자분들이 많습니다.

　남자와 여자가 이렇게 다릅니다. 여자들은 괴로움이 있으면 동네 친구들과 함께 신랑 욕도 하고 시댁 흉도 보고 자식 흉도 보면서 다 풀고 후련해진 마음으로 집으로 돌아갈 수 있는데, 남자들은 친구들을 만나서 술을 마신다 해도 잘 풀리지 않습니다. 아내들은 '당신은 밖에서 다 풀고 왔잖아'라고 생각하지만 전혀 그렇지 않다는 거예요.

설문조사 결과, '자존심 때문에 나의 진심을 친한 친구에게도 말하지 않는다'라는 답변이 50세 이상 남성에서 70% 이상이었습니다. 어떻게 보면 심리적으로 가장 연약하고 도움이 필요한 분들이라는 거예요. 절대로 여러분의 잘못이 아닙니다.

아래는 나훈아의 〈사나이 눈물〉이라는 노래 가사입니다.

> 웃음이야 주고받을 친구는 많지만
> 눈물로 마주 앉을 사람은 없더라
> 아, 뜨거운 눈물 사나이 눈물

이 가사를 찾기 위해 인터넷에 '남자의 눈물 노래'를 검색했다가 깜짝 놀랐습니다. 여자의 눈물에 대한 노래보다 남자의 눈물에 대한 노래가 3배 이상 많더라고요. 혼자 울고 싶은 남자들이 너무 많다는 거죠.

●●● 신박한 발상의 전환이 필요합니다

OECD 36개국 국민을 대상으로 '곤경에 처했을 때 의존할 가족이나 친구가 있는가?'라는 주제를 조사했더니 놀라운 결과가 나왔습니다. 36개국 중에서 한국이 꼴찌를 한 것입니다. 의존할 가족이나 친구가 없다고 생각하는 사람들이 너무나 많은 거죠. 왜 이럴까요? 너무 바쁘게 살았기 때문입니다.

이제 5060 남자들에게 보상이 필요합니다. '시간 보상, 정서 보상, 선물 보상, 관계 보상'은 필수입니다. 은퇴한 남자들을 상담해 보면 가족에 대한 '섭섭함'을 느끼는 경우가 많았습니다.

아내는 나를 귀찮아하거나 친구들을 더 좋아하고, 자식들은 자신의 연인들과 함께하느라 바쁩니다. 얘기 좀 나누려고 하거나 같이 어딜 가자고 하면 '예전에는 같이 안 놀아주더니 갑자기 왜 저러실까?' 하면서 귀찮아하지요.

그래서 남자들은 화가 나고 분노가 끓어오르는데, 내가 왜 분노하는지에 대해서는 가족들에게 말하고 싶지 않습니다. 자존심 때문에 말하기가 싫으니 자꾸 이유 없는 화를 내시는 거예요. 화를 내고, 트집을 잡고, 짜증을 내고……. 그럼 이유를 모르는 가족들은 '나이 들더니 자꾸 화내고 짜증 낸다'고 아버지를 더 멀리하게 되는 것입니다.

자꾸 화가 나는 이유는 무엇일까요? 여태까지 가족을 위해 평생 노력했는데, 집에 돌아오니 내가 원하는 보상을 전혀 못 받는다고 느끼기 때문이에요. 너무너무 외롭고 슬픈 거죠. 그래서 '시간 보상'이 필요한 겁니다. 이제부터는 그 시간을 내가 하고 싶은 것에, 나를 위해서 쓰실 필요가 있습니다.

두 번째는 '정서 보상'입니다. 여태까지 정서적으로 공감하면서 누군가와 마음을 터놓고 대화할 시간조차 없었던 남자들을 이해해야 합니다. 직장 다니면서는 상사 눈치 봐야 되고, 후배들은 치고 올라오고, 언제 회사에서 나가야 할지 모르고, "나 힘들어"라는 말을 하면 무능해 보일까 봐 늘 씩씩한 척, 에너지 넘치는 척, 피곤하지 않은 척, 모든 것에 자신이 있는 '척척척' 하느라 마음은 '푹푹푹' 늙고 있었던 거죠. 그래서 정서 보상이 필요합니다. 이제는 그런 '척'을 다 버리고 솔직한 마음을 털어놓을 수 있는 친구들을 찾아야 합니다.

'선물 보상'도 필요합니다. 아내가 권하는 옷이나 신발이 아닌 정말 자신이 좋아하는 스타일대로 옷을 사서 입어보는 경험이 필요합니다. 내가 좋아하는 신발이나 가방도 못 사보고, 파마도 못 해봤다면 내 손으로 신발도 사보고 안경도 바꿔보고, 동네 미용실에서 파마도 해보는 시간을 가질 필요가 있어요.

그다음은 '관계 보상'입니다. 믿고 의지하고 마음을 터놓을 친구가 한 명도 없다면 이제 새로운 친구를 만들어야 합니다. 사회

생활할 때의 인간관계는 나의 이익, 직장과 연관된 사람들이 대부분이었기 때문에 '친구'라는 단어를 붙이기에는 적절하지 않은 정서적 관계였어요. 마음을 터놓고 자존심을 버리고 얘기할 수 있는 사람이 필요합니다. 가족이 그 친구가 되어주는 게 가장 좋습니다.

발상 전환의 실전 연습으로 'TV는 멀리, 사람은 가까이' 할 필요가 있습니다. 설문조사 결과 은퇴한 남자들의 하루 평균 TV 시청 시간은 네 시간이었습니다. 50대는 네 시간이지만 60대, 70대로 갈수록 더 늘어납니다. 그런데 TV 앞에만 앉아 있다 보면 관계는 더 좁아져요. 이제는 TV를 멀리하고 사람을 만나러 나가야 합니다.

마음을 터놓을 수 있는 친구는 다섯 명, 취미 생활을 같이할 수 있는 친구는 열다섯 명 정도 있으면 좋습니다.

하지만 마음을 터놓는 친구 다섯 명 만들기는 어렵습니다. 형제자매, 사촌, 배우자, 자녀 모두 친구가 될 수 있다는 걸 기억하세요. 취미 생활을 함께할 친구 열다섯 명 사귀기는 더 막막하지요. 이미 구성되어 있는 운동 모임, 산악회, 테니스회, 독서 모임 등을 찾아서 들어가는 게 좋습니다.

우리가 사회생활을 할 때 최대한으로 관계를 맺을 수 있는 인간관계는 몇 명이나 될까요? 사회생활에서 최대한 맺을 수 있는 관계, 뇌가 허락하는 관계의 명수는 150명까지라고 합니다. 그

150명은 자녀들 혼사 때나 큰일이 있을 때 초청하는 범주로 보면 되는 거죠. 가끔 이렇게 말씀하시는 분들도 계십니다.

"난 150명 넘어. 300명쯤 될걸?"

그런데 관계를 유지하는 인원이 300명이 되려면 우리의 뇌의 용량은 2배가 아니라 4배가 커야 가능하다고 합니다. 일도 4배 이상을 해야만 300명이라는 인간관계를 맺어나갈 수 있대요. 생물학적으로 불가능한 일이죠.

공부는 가장 창조적인 여가 활동이다

쉬지 않고 새로운 것을 배우고 공부하는 사람은 타인에게 친절합니다. 내가 나에게 화가 나 있으면 남한테도 화를 내게 되는데, 공부를 하면 빈 마음이 채워지기 때문에 자신에 대한 만족도가 높아지고, 남에 대해서도 관대해지는 것입니다. 그래서 친절해지는 거예요. 말투부터 달라지는 거죠. 우리는 공부, 일, 여가를 너무 구분 지으면서 살아왔습니다. 나이 들수록 공부를 놀이처럼 즐겨야 합니다. 공부는 가장 창조적인 여가 활동입니다.

●●● 남자, 울어도 된다, 울어야 산다

칼럼 〈혼자 우는 남자들〉을 연재하면서 눈물의 효능에 대해 쓰기 시작했을 때 많은 메일을 받았습니다. '남자분들은 언제 가장 울고 싶으세요? 댓글을 남겨주시거나 메일을 주십시오'라고 질문을 했어요. 그런데 여자분들한테는 '댓글 남겨주세요'라고 하면 댓글이 수백 개가 달리는 반면 남자들은 댓글 대신 메일이 많이 왔습니다.

'언제 혼자 울고 싶으세요?'라는 질문에 많은 분들이 보내주신 답변 1위는 '늘 울고 싶다'였습니다. 다음으로 많았던 대답이 '기대어 울 어깨가 없을 때 더 울고 싶다'였고, 어떤 한 분은 너무나 강력한 메시지를 주셨습니다.

"남자들이 왜 혼자 우는지 여자들은 죽을 때까지 모를 거예요."

더 눈물 나는 대답이 또 있었어요.

"나만 혼자 우는 줄 알았는데 여기에 와서 보니까 혼자 우는 남자들이 많아서 위로를 얻었어요."

아, 나 말고도 혼자 우는 남자가 있네! 이것만으로도 위로가 된다는 거죠.

분노는 묵혀두면 위험한 감정입니다. 한 학자가 분노를 많이 느끼는 사람들에 대해서 25년간 연구를 했습니다. 한 그룹은 분노를 많이 느끼기만 하고 풀지 못하는 그룹, 다른 한 그룹은 분노를 느낄 때마다 울거나 놀거나 사람들을 만나서 푸는 그룹으로 나눴습니다. 25년 뒤에 어떤 결과가 나왔냐면, 분노를 쌓기만 하고 풀지 못하는 그룹은 그 반대 그룹에 비해서 심장병 발병률이 5배 높았다고 합니다. 그리고 이미 죽은 사람들, 즉 사망률은 7배가 높더랍니다.

이렇게 바로바로 풀어야 하는, 내 마음에 쌓인 분노를 푸는 데 가장 좋은 명약이 바로 눈물입니다. 눈물의 효과는 우선 면역력을 높여주는 것입니다. 암 환자들한테 눈물 치료법을 사용했더니 암세포가 급격히 줄어드는 경향을 보였습니다. 그래서 일본의 병원에는 '눈물 치료과'가 따로 있다고 합니다. 한동안은 웃음 치료가 유행이었지만, 억지로 웃는 건 엔도르핀이 나오긴 해도 눈물만큼의 효과가 없습니다. 어린아이들은 욕구 불만이 있거나 분노가 차면 데굴데굴 구르고, 벽을 꽝꽝 치고, 자기의 욕구가 해소될 때까지 온몸으로 울고 나면 다 풀리는 거예요. 그래서 암 환자들에게도 다리를 쭉 뻗고 마구 구르면서 울고, 벽도 꽝꽝 치고, 온몸으로 울게 했고, 소리 내어 엉엉 울수록 암세포도 작아졌다는 연구 결과가 있습니다.

눈물의 또 다른 효능은 우리의 자율신경계를 안정 상태로 돌리는 것입니다. 울고 싶은데 참는 순간의 감정이 가장 위험합니다. 그때 우리 몸의 에너지가 가장 불안정하기 때문입니다. 제일 좋은 것은 슬픈 영화를 보면서 그 핑계로 실컷 우는 거예요. 우서도 됩니다. 남자는 늘 강해야 한다고 너무 많이 강요당해왔고 희생하셨어요. 사회적 강요의 희생양이신 거예요. 떳떳하게 우서도 되는 이유는 바로 이겁니다. 이제는 '나도 울고 싶고 나도 힘들다'

라고 말해도 됩니다.

저희 아버지는 57세에 돌아가셨어요. 너무 일찍 돌아가셨죠. 저는 당시에 대학생이었는데, 그때는 57세가 많은 나이인 줄 알았습니다. 그런데 요즘 강의하면서 50대 남자들을 만나 보니까 그 나이에도 모두 너무 젊으신 거예요. '아, 우리 아버지도 저렇게 젊을 때 아파서 돌아가셨구나' 싶더라고요. 제 아버지는 담도암으로 돌아가셨어요. 담도암 선고를 받던 날, 엄마는 너무 겁이 나서 진료실에 못 들어가겠다고 하셔서 제가 아버지랑 들어갔지요.

의사 선생님께서 "암이긴 한데, 요즘은 치료법도 정말 많고 몇 개월 사는지는 중요하지 않아요. 어떻게 노력하고 마음을 먹느냐에 따라서 충분히 회복하실 수 있습니다, 아직 젊으시잖아요." 이렇게 말씀해주셨다면 '살리는 말'이 되었겠죠. 그런데 의사 선생님께서는 컴퓨터만 보시면서 "담도암이네요. 이미 말기입니다. 6개월 정도 남았습니다." 이렇게 말했어요. 그날 병원을 나온 아버지의 뒷모습이 아직도 기억납니다. "담배 한 대만 마지막으로 피울게" 하시고는 버스 정류장에 서서 담배를 피우시는데, 아버지 뺨을 타고 눈물 한 줄기가 흐르는 걸 봤어요. 그 모습이 잊히질 않아요.

저희 아버지는 그날로 6개월 되던 날 저녁에 돌아가셨어요. 아버지의 생체 시계는 6개월에 맞춰졌던 거죠. 지금 생각해보면 그때 아버지가 많이 우실 수 있게 제가 아버지의 이야기를 잘 들어주었다면 참 좋았겠다는 생각을 해요.

아버지가 쓴 글들을 돌아가시고 난 후에야 봤는데, '정말 울고 싶다'는 문장이 많더라고요. '내 아이들이 아직 결혼도 안 했는데, 내가 모아놓은 돈도 없는데, 우리 가족은 어떻게 될까.' 그 고통 속에서 6개월을 보내셨더라고요. 저는 아버지들은 남자가 아닌 줄 알았어요. 그런데 아버지가 돌아가시고 아버지의 글들을 보면서 '내 아버지도 울고 싶었구나' 깨달았어요. 그때 아버지가 많이 우셨다면, 어쩌면 조금 더 사실 수도 있었을 텐데 하는 아픔이 있었어요.

이 글 속에 내 남편, 내 아버지의 모습이 보이나요? 감정을 건강하게 표출하고, 몸도 마음도 관계도 건강하게 나이 들 수 있도록 가족이 도와주면 좋겠습니다.

박상미의
비밀 상담실
놀랍지만 이것이 현실입니다!

유튜브 <박상미 라디오>에서 가명으로
무료 상담한 가족 고민 사연입니다.
아프지만 알아야 할 가족 상담을 공개합니다.

아무에게도 말 못 하는 고민입니다. 저는 33세이고, 대기업 대리입니다. 지금 만나고 있는 사람이 늦은 시간에 저를 차로 집에 데려다주는 모습을 부모님께서 수차례 보시고는 정식으로 소개해달라고 하십니다.

하지만 그럴 수 없는 사정이 있습니다. 팀장님은 결혼하셨고 아이도 둘이나 있습니다. 사모님과 사이가 안 좋다고는 하지만, 이혼을 생각하지는 않는 것 같습니다. 저도 마음을 다잡으려 정말 노력했지만, 이제껏 살면서 남자에게 이토록 마음이 끌려본 적이 없습니다. 팀장님은 마음, 실력, 외모, 인간성…… 제가 동경하는 모습을 다 가지고 계십니다. 그동안 혼자 짝사랑해왔는데, 회사에서 팀 프로젝트를 하면서 제가 말도 안 되는 큰 실수를 저질렀을 때 팀장님께서 수습해주시며 오히려 저를 위로해주셨어요. 팀장님이 아니었다면 저는 회사를 그만두었을지도 모릅니다. 그 일을 겪으면서 그분께 너무 깊이 빠져들게 되었고, 같이 밤을 보내기도 했습니다.

그런데 죄책감 때문에 마음이 너무 괴롭습니다. 아무것도 모르는 부모님께서는 내심 제가 연애한다는 걸 알고 좋아하시는데, 저는 이제 어떻게 해야 할까요. 팀장님보다 제가 더 사랑하는 것 같습니다. 미쳤지요. 매일 죽고 싶은 마음이 들지만, 마음을 주체할 수가 없습니다.

•••　　회사에서 능력 있고 따뜻한 유부남 선배에게 마음을 빼앗기는 미혼 여성들이 의외로 많습니다. 참 괜찮은 유부남들은 다섯 가지를 가졌어요. 안정감, 이해심, 배려심, 너그러움, 다정함. 여자들이 본능적으로 '안정감'에 끌리는 건 사실이에요. 직장에서 많은 시간을 함께할 뿐만 아니라 싱글 남성들은 결코 가질 수 없는 유부남만의 안정감과 여유로움, 편안함을 가지고 있지요. 그래서 전혀 부족함 없는 커리어 우먼 직장인들이 아닌 줄 알면서도, 백 번 천 번 손해 보는 사랑인 줄 알면서도 빠져드는 경우가 많죠.

　　유부남만이 가진 안정감의 비밀, 무엇일까요? 잘 들어요. 그 남자를 그렇게 안정되고 멋지게 키운 건 바로 그의 아내라는 사실! 현명한 아내가 데리고 살면서 그렇게 키워낸 거랍니다. 한 가정의 가장이 되고, 아빠가 되고, 처가 식구들과 남남으로 만나서 한 가족으로 사는 법을 익히고, 사회에서 겪는 굴욕을 가족을 위해 다 참아내면서 혹독한 공감·소통의 훈련을 받은 덕분에 장착하게 된 능력이라는 거죠. 싱글 남성은 결코 흉내 낼 수 없는 능력입니다. 팀장님을 그렇게 멋진 남성으로 키워낸 건 바로 사모님의 헌신과 사랑입니다. 팀장님도 총각 때는 그렇게 멋지지 않았을 겁니다. 멋지고 매력적인 유부남 뒤에는 반드시 더 매력적인 아내가 있어요. 그 자리는 뺏기 어려워요. 팀장님도 그토록 매력적인 아내를 놓치지 않을 겁니다. 팀장님은 절대로 이혼 안 해요.

그리고 내가 왜 유부남에게 끌리는지 냉정하게 점검해보도록 해요. 내면의 결핍 때문일 수도 있어요. 가까운 남자 어른에게 사랑과 보살핌을 받지 못해 생긴 결핍, 그것을 채워주기에 딱 좋은 사람이 바로 가까운 곳에서 잘 챙겨주고 자주 만나는 유부남인 경우가 많아요.

제 말을 듣고, 정신 차리길 바랍니다. 지금 못 깨달으면 평생 유부남만 만나요. 평생 상처받아요. 비슷한 주제로 상담을 오는 30대 중후반의 커리어 우먼들이 많습니다. 이런 사랑은 아파요. 결국 나만 상처받고 끝날 거예요. 뒤늦게 후회하며 싱글을 찾으려고 보면 괜찮은 남자는 이미 다 장가가고 한 명도 남아 있지 않아요. 최하급 남자 싱글만 남아 있으면 어떡해요?

그러므로! 싱글 중에 좀 부족하더라도 떳떳하게 만날 수 있는 남자를 만나서, 그 팀장님처럼 키우는 게 더 옳아요. 사랑이 죄는 아닙니다. 저는 지금 당신을 비난하는 게 아니에요. 마음이 아파서 간절히 도와주고 싶은 거예요. 나를 위해서 아프지 않은 사랑을 하세요.

아내의 외도, 그러나 이혼하고 싶지 않습니다

와이프는 40세, 저는 39세, 아들은 7세입니다. 저는 요즘 한집에 사는 와이프와 말 한 마디 없이 남남처럼 살고 있습니다. 4개월 전, 와이프가 어떤 남자와 2박 3일 여행을 다녀온 사실을 제가 알게 되었기 때문입니다. 외도였죠. 엄청난 배신감과 슬픔, 분노가 저를 찾아왔고, 살면서 가장 많은 눈물을 흘린 것 같아요. 아내 앞에서 우리가 왜 이렇게 되었냐고 미친 듯이 울자 아내는 같이 울며 미안하다고 하더라고요.

하지만 와이프는 앞으로 저와 같이 살아갈 자신이 없다며, 그동안 너무 가족을 위해 희생만 하고 살아온 것 같으니 이제부터라도 자신을 위해 살아가고 싶다며 이혼을 요구했습니다. 전 너무나 의외였고, 완전히 버림받은 기분이 들었습니다. 오히려 제가 아내를 외롭게 한 나쁜 남편처럼 느껴졌어요. 어떻게든 이혼은 막고 싶어서 앞으로 내가 더 잘하겠다, 외롭게 하지 않겠다, 당신 삶도 즐겨라 말해보았지만 아내는 외도 사실을 들킨 이상 죄인으로 평생을 살기는 싫다며 당당하게 이혼을 요구합니다.

저는 어떻게 해야 할까요? 매일 눈치 보며 우는 어린 아들을 생각하면 가슴이 찢어집니다. 아내를 보면 얼굴도 모르는 외도남이 자꾸 생각나고, 아무것도 할 수가 없습니다. 세상에서 제가 제일 바보 같고 못난 놈 같습니다.

남편의 두 번째 외도, 신뢰가 무너져버렸습니다

남편이 활동하던 동갑내기 친구들 오픈 카톡방이 유부남, 유부녀들의 모임이었어요. 남편은 단지 친구를 사귀려고 들어갔고, 소통하기 위한 순수한 목적이었다고 했어요. 하지만 저를 속이고 그들과 어울려 2박 3일 여행도 다녀왔고, 개인 톡으로 몇몇 여자들과 주고받은 메시지를 보니 술 마시고 키스했다는 내용도 있었어요. '술 취해서 기억이 나지 않는다, 네가 생각하는 그런 불륜이 아니다, 아무 일도 없고 바람피우지 않았다'는 말만 되풀이해서 믿지 못하겠으니 별거하자고 해서 집을 나간 상태예요.

여자와의 그런 관계를 걸린 게 두 번째고 이혼을 생각하고 있어요. 남편에 대한 신뢰가 무너졌고 배신감에 미칠 것 같아요. 죽고 싶어요. 그동안 제게 거짓말을 너무 많이 해서 아무 말도 믿지 못하겠어요.

••• 배우자의 외도는 치유하기 힘든 트라우마를 남깁니다. 부모와 손잡고 소풍을 갔는데, 부모가 나를 버려서 보육원에 가게 된 것과 같은 수준의 충격과 배신감이 들어요. 배우자의 외도로 얻게 된 트라우마(의심, 배신감, 자괴감, 수치심, 모욕감, 분노, 파괴욕구, 복수심)는 치유가 매우 어렵습니다. 이것이 해결되지 않은 상태에서 같이 살면 침대 위에 셋이 누워 자는 것과 같아요.

박상미의 가족 상담소

이혼만은 피하고 싶다면 부부가 함께 상담 치료를 받아야합니다. 서로의 진심도 들어보고, 회복할 수 있는지도 파악하고, 내 마음을 돌아보고 정리하는 시간이 필요합니다. 이혼을 성급하게 서두르지는 마세요. 관계를 회복할 가능성이 있는지, 상대의 진심을 들어보고 내가 정말 원하는 게 무엇인지 살펴보는 시간을 좀 가지는 게 좋겠습니다. 먼저 세 가지를 명심하세요.

○ 배우자의 외도는 내 잘못이 아니다─자책감은 갖지 마세요.
○ 배우자가 외도했다고 내가 매력 없는 사람은 아니다─자존감을 지켜야 합니다.
○ 잊고 용서하고 회복하기로 했다면 다시는 입 밖에 꺼내지 않아야 합니다.

제가 상담한 분들 중에, 상대방이 30대에 외도한 기억을 평생 갖고 있다가 결국 60대에 이혼한 부부가 있어요. 부부에게 가장 중요한 것은 믿음과 배려입니다. 믿음이 깨진 자리에 의심이 자리 잡고, 분노와 불안은 수시로 마음을 괴롭힙니다. 외도한 배우자가 무조건 사과하고 잘한다고 치유되는 건 아니어서, 스스로 내상이 크다고 생각될 때는 전문적인 상담 치료를 받아야만 합니다.

외도한 배우자들에게 꼭 드리고 싶은 말이 있어요. 관계를 끝내고 영원히 보지 않을 사이가 아니라면, 배우자가 원하는 방식대로, 배우자가 용서할 때까지 말이 아닌 행동을 통해 진심으로 용서를 빌어야 합니다.

"이만큼 빌었으면 이제 용서해줄 때도 된 거 아니야?"

이런 말은 하지 마세요. 용서는 강요한다고 되는 게 아닙니다. 배우자가 용서하려고 노력하고 있다면 묵묵히 기다리세요. 배우자의 외도로 인한 트라우마는 평생 간다고 해요. 그 아픔에 대한 예의가 필요하고 회복의 시간이 필요합니다.

그리고 재발 방지 약속도 해야 합니다. 다시는 외도로 상처를 주지 않을 것임을 맹세하고, 용서하기로 한 쪽은 평생 외도에 대해 말을 꺼내지 않겠다는 합의가 이뤄져야 합니다. 그래야 희망이 있습니다.

 친구의 남편이 외도하는 것을 알게 되었어요

제 절친은 사내 커플이었어요. 저와 친구, 친구 신랑은 셋이 사내에서 친했죠. 결혼과 동시에 친구는 전업 주부가 되었고, 저와 선배는 지금도 직장에서 친하게 지냅니다.

그런데…… 저에게 큰 고민이 생겼습니다. 선배가 사내에서 같은 부서 여직원과 선을 넘은 오피스 와이프, 오피스 허즈번드 관계로 지내고 있어요. 회사에서도 다 알 정도입니다. 정말 대담해요. 선배는 제가 모른 척해줄 거라 믿는 것 같아요. 친구에게 오늘이라도 당장 말하고 싶지만, 제가 아마도 다음 달에 승진할 것 같은데 과장인 선배의 입김이 중요해서요……. 눈치만 보고 있는 제 가슴이 다 타들어 갑니다. 선배도 저의 이런 약점을 이용하는 것 같아 더 역겨워요. 선배에게도 화가 나고, 승진과 우정 사이에서 마음을 저울질하느라 고민하는 저에게도 화가 납니다.

　승진이고 나발이고 친구에게 다 말하고, 선배와 여직원을 망신 주고 싶은데……. 어떻게 처신하는 게 좋을까요?

●●● 　많이 고민되겠어요. 하지만 신중해야 합니다. 잘 생각해 보세요. 당신이 친구에게 이 사실을 고백하면, 선배가 바람을 다시 안 피울까요? 선배는 굉장히 지능적으로 바람을 피우고 있어요. 아내가 알게 되어 내연녀와 헤어진다고 해도 다시 바람을 피울 가능성이 있고요. 아내의 절친이 눈치 채고 있는데도 권위를 이용해서 당당하게 외도를 하고 있잖아요. 이런 남자는 들켜도 반성하는 연기만 할 뿐, 더 치밀하게 안 들키는 외도를 할 확률이 높아 보입니다. 괜히 선배에게 충고했다가 내 직장 생활이 엉망이 될 수도 있어요. 의협심에 직장 생활을 망치지는 마세요.

　친구한테 말하는 것도 저는 반대합니다. 내 입장과 친구 입장이 다를 수 있어요. 친구를 위해서도 최선은 아닙니다. 배우자의 외도를 눈치 챘지만, 알아도 모른 척 결혼 생활을 유지하는 경우가 많습니다. 절친을 통해서 남편의 외도를 알게 된 친구는 남편에 대한 배신감뿐만 아니라 친구에게 수치심까지 느끼게 되죠. 두 배로 힘들 수도 있어요. 부부의 세계는 아무도 모릅니다. 아마 이 정도 상황이면 친구도 눈치 채고 있을지도 몰라요. 마음이 많이 괴로우면 선배에게 이정도로 메시지를 던지는 건 괜찮을 것 같아요.

"선배, 저는 오해하지 않아요. 그런데 요즘 ○○ 씨에게 너무 잘해주시니까 오해하는 사람들도 있는 것 같아요. 저는 선배가 오해받는 게 싫어서요. 알고 계시라고 말씀 올립니다."

아마 뜨끔할 거예요. 기분 나빠하는 대신 한 번이라도 고민할 거예요. 그다음은 선배의 몫이고 그 부부의 몫이니, 너무 괴로워하지 마세요.

 부모님처럼 불행해질까 봐 연애를 유지하는 게 어려워요

어릴 때 부모님이 이혼한 후로 새어머니가 네 번 바뀌었어요. 저는 늘 친어머니를 그리워하면서도 새어머니가 들어오면 그분께 잘 보이려고, 덜 혼나려고 애써야 했습니다. 두 분이 싸우기라도 하면 또 이혼하고 새로운 새어머니가 들어올까 봐 두려움에 떨어야 했습니다. 빨리 어른이 되어 결혼해서 이 집을 떠나는 것이 저의 목표였는데…….

박상미의 가족 상담소

연애를 하면 늘 한 달 안에 끝납니다. 남자를 믿기가 어려워요. 조금만 갈등이 생겨도 '이렇게 작은 일로 싸우는데, 앞으로는 더 큰 일로 매일 싸우게 되겠지? 결혼, 이혼을 반복하면서 사는 것보다는 지금 헤어지는 게 나아!' 하며 자기 합리화를 하고는 신속하게 헤어집니다.

저는 왜 이러는 걸까요? 한 달짜리 연애가 끝나면 공허해서 계속 이성을 찾아 나섭니다. 그리고 사귀자마자 제 가정사를 다 말합니다. 나중에 말하는 건 왠지 상대를 속이는 거 같아서요. 제 가정사가 부담스러우면 먼저 빨리 떠날 기회를 주는 거죠. 실제로 만난 지 3주 만에 가정사 얘기를 했더니 다음 날에 헤어지자고 한 사람도 있었어요. 연애를 부정적으로 생각하면서도 끊임없이 짧은 연애를 반복하는 저, 이제는 제가 싫습니다.

••• 정서적으로 안정돼 있지 않고, 트라우마가 심한 상황에서는 어떤 연애도 힘이 들어요. 많은 사람이 하는 실수가 상처를 덮기 위해 성급히 연애하는 것입니다. 이런 연애는 결국 더 큰 상처를 남기고 끝나게 됩니다. 지금은 연애를 시작할 때가 아니라, 나를 치유할 때예요.

어린 시절, 가장 마음 아팠던 날로 가보세요. 어딘가요? 그날의 이야기를 들려주세요. 그때의 기억을 완전히 지울 수는 없지만, 상담과 치료를 통해 고통의 크기를 줄일 수는 있거든요. 또 연애가 모두 짧게 끝났다고 했는데, 한 달 미만이면 아직 정이 쌓이기 전입니다. 그런 상황에서 나의 상황과 고통을 고백한다면? 받아들이는 입장에서는 당혹스러울 수 있습니다. 그렇기 때문에 정과 믿음을 쌓아서 정서적 신뢰 관계를 만든 후 나의 이야기, 특히 가정사를 꺼내는 게 좋아요. 내 아픔은 귀한 것이니까 소중하게 잘 지켜야 해요. 나의 아픔을 귀하게 여기고 더 사랑해줄 사람이라는 확신이 들 때 말해도 늦지 않아요.

 아이에게서 남편의 모습이 보여 자주 화내게 됩니다

저는 언어폭력, 육체적 폭력이 심한 남편과 살다가 겨우 이혼에 성공했습니다. 시부모님도 이혼하라며 제 편을 들어주셨어요. 아이만은 보호해야겠다는 일념으로 버티며 살아왔고, 지금은 겨우 안정을 찾아가고 있습니다.

그런데 남편과 판박이인 아들을 보고 있자면 저도 모르게 불쑥 화가 나고, 아이의 작은 실수에도 너무 심하게 화를 내게 됩니다. 아이도 폭력적인 아빠, 매일 싸우는 부모 밑에서 자라느라 상처가 많았는데 제가 아이에게 또 상처를 주고 있네요. 남편 닮은 아들을 보면 자꾸 화가 나는 저, 정상적인 엄마 맞나요?

•••　　아이도 엄마도 그동안 고생했어요. 이제 우리는 서로 더 사랑하면서 상처를 치유하며 살아야 해요. 자신의 문제를 인식하고 상담을 신청하셨으니 이미 변화가 시작된 거예요. 변하겠다는 강한 의지가 생긴 거죠. 그것만으로도 희망이 있어요.

　부모가 가장 많이 하는 실수 중 하나가 배우자에 대한 상처, 분노, 배신감과 같은 부정적 감정을 자녀에게 투영하는 것입니다. 특히 배우자를 닮은 자녀에게 화풀이를 하거나 감정 쓰레기통으로 삼는 경우가 많아요. 내 상처를 자식에게 대물림하는 것은 원치 않으시죠? 어느 부모도 원치 않지만 실수를 합니다. 엄마에게 학대당한 아이들의 상당수가 "지 아빠 닮아서 성격이 나빠", "하는 짓이 지 아빠 닮아서……"라는 말을 들어봤다고 해요. 이런 말을 듣고 자란 아이는 아무 잘못이 없는데도 죄인이 된 듯 죄책감에 시달립니다. 내가 엄마를 불행하게 만드는 존재라 생각하고 자존감이 낮아지는 거죠.

　우선 자식과 부모를 분리하는 연습을 해야 합니다. 아이는 부모의 아바타가 아닌, 완전한 독립체입니다. 전남편과 아이를 완전히 구분해서 생각해야 합니다. 아빠로부터 당한 폭력의 희생자이자 엄마의 감정 쓰레기통으로 사는 아이는 얼마나 힘들까요? 상처를 대물림하지 말고, 있는 그대로의 아이를 사랑해주세요.

재혼 후 아이의 성을 바꿔야 할까요?

이혼하고 혼자 5년 동안 아들을 키우다가 재혼하게 되었어요. 재혼 상대도 혼자 딸을 키우는 사람이라 이번에 넷이 함께 새 가정을 꾸리게 되었어요. 제 아들은 10세이고, 상대의 딸은 9세입니다. 아들은 친부와 월 1회 1박 2일 만남을 지속하고 있고, 재혼한 후에도 그 약속은 지키기로 했어요.

그런데 고민이 생겼습니다. 새아빠가 제 아들도 친아들처럼 잘 키우겠다는 의지가 강하다는 거예요. 처음에는 그 마음이 마냥 감사하기만 했는데, 재혼 후에 아이가 친아빠를 안 만났으면 좋겠고, 양육비도 안 받았으면 좋겠고, 성도 본인의 성으로 바꾸어서 재혼 가정인 것을 주변 사람들이 모르게 했으면 좋겠다는 거예요. 남매의 성이 다르면 둘 사이도 가까워지지 않을 것 같다고요. 전남편에게는 이 이야기를 말도 못 꺼내보았어요. 이혼했지만 아이에게서 아빠를 빼앗을 수는 없으니 자주 연락하고 나쁘지 않은 사이를 유지해왔거든요. 아이의 성을 바꾸는 것에 대해 의논하면 아마 양육권을 돌려달라고 할 거예요. 친권까지 빼앗길지도 몰라요.

아들에게는 슬며시 물어보았는데 울면서 싫다고 하더라고요. 새아빠와 같이 사는 것은 괜찮은데, 성을 바꾸고 아빠를 못 만나는 조건이라면 아빠 집에 가서 살겠다고 합니다. 어떻게 해야 할까요? 너무 괴롭습니다.

박상미의 가족 상담소

••• 많이 괴로울 것 같아요. 하지만 정말 신중하게 고민해야 하는 일입니다. 요즘 개명을 하는 사람이 많지요. 그런데 성을 바꾼다는 건, 일반적인 개명과 다릅니다. 개명은 내 만족과 욕구를 채우기 위해 하는 경우가 많지만, 성을 바꾼다는 건 나를 이미 알고 있는 사람들에게 아픈 가정사를 공개하는 일이자 나의 아버지가 바뀌는 일입니다.

아들은 성을 바꿨을 때와 안 바꿨을 때의 장점, 단점을 고려할 수 있는 나이가 아니에요. 5년 동안 친아빠랑 살아봤으니 새아빠와도 최소 5년 정도는 살아보고 결정해도 늦지 않을 것 같아요. 양육비 포기하고, 아들 성을 바꾸자고 하는 남편분도 큰 용기를 내신 게 맞아요. 아내분을 많이 사랑하시는 것 같아요. 친아들로 키우겠다는 선포잖아요. 성을 바꾸는 것은 미래에 나의 재산을 내 딸과 동등하게 물려주겠다는 선포이기도 하죠. 마음은 고맙지만, 아이 입장에서 더 신중하게 생각해야 해요. 결혼을 진심으로 축하합니다. 하지만 엄마가 새 인생을 시작한다고 해서, 아이에게서 친아빠와 성까지 빼앗는 건 너무 가혹한 일일 수 있어요. 아이가 좀 자라서 스스로 선택할 수 있을 때까지 기다리면 좋겠습니다.

그리고 이 결혼을 하기로 확정 지었다면, 전남편과는 아들 문제로 소통해야 할 때 문자로만 연락하라고 말해주고 싶어요. 만약 지금 남편이 딸 문제로 전 아내와 자주 통화하고 가끔 만나기도 한다고 생각해보세요. 굉장히 신경 쓰이고 불편하겠죠? 불안하기도 할 겁니다. 재혼은 초혼보다 '차후 갈등 예방 토론'을 많이 하는 게 서로에게 좋습니다. 성별이 다른 아이들도 함께 살아야 하니 더욱 많은 토론을 하시기 바랍니다. 오래 사랑하며 살기 위한 과정이니 천천히 신중하게 고민하고 토론하며, 더 사랑할 방법들을 찾아보세요.

 가족 성폭행의 고통에서 벗어나고 싶어요

저는 가족 성폭행 피해자입니다. 어릴 때 친오빠에게 당했어요. 너무 어려서 그게 무엇인지도 모른 채 불편한 마음으로 살다가 고등학생 때 성폭행당한 것이라는 걸 깨닫고 엄마께 말했습니다. 엄마는 이 일이 알려지면 가족이 무너진다며, 제 입을 막고 아무에게도 말하지 말라고 했습니다. 저는 그게 더 충격이었어요. 엄마는 제 편이 아니었습니다.

저는 20대 후반이 된 지금도 일상생활이 힘들 정도의 우울함에 시달리고 있습니다. 그래서 최근에 한 번 더 엄마께 말했습니다. 엄마는 저의 고통을 이해한다고는 했지만, 아직도 제가 함구해주길 바라십니다. 부모님이 너무 원망스럽습니다.

이 아픔에서 빠져나오는 방법을 모르겠습니다. 오빠는 그런 일이

박상미의 가족 상담소

전혀 없었던 사람처럼 뻔뻔하게 잘 사는데, 이제 와서 제가 옛날 일을 사과하라고 한다면 진심으로 사과할까요? 저희 가족은 해체되겠죠? 부모님이 큰 상처를 받으시겠죠? 저만 참으면 아무 일 없이 지금처럼 다들 잘 살겠죠? 만약에 진심으로 사과를 받는다면 제 마음이 편해질까요? 사과를 못 받으면 저는 더 분노하게 되겠죠? 제가 없어지는 게 모두에게 편한 일일까요……. 선생님, 저는 어떻게 하면 이 고통에서 벗어날 수 있을까요……. 제발 도와주세요.

••• 당신은 성폭행 피해자가 아니라 생존자입니다. 가해자가 남이어도 상처는 평생을 가는데, 심지어 가족, 그것도 친오빠가 가해자라니 이 고통은 당해보지 않은 사람은 상상하지도 못할 것입니다. 지금까지 살아줘서, 견뎌줘서 고마워요. 하지만 이제 견디지 마세요. 나를 지키고 살아갈 수 있도록 도와줄 사람은 나밖에 없습니다. 나를 귀하게 여기고 나를 보호해줄 사람도 나밖에 없습니다. 이제 당당하게 나를 보호하고 트라우마에서 벗어나는 방법을 적극적으로 찾아야 합니다. 그래야 앞으로 건강하고 행복하게 살 수 있으니까요.

저는 친아빠 또는 친오빠에게 성폭행을 당한 여성들을 종종 만납니다. 모두 비슷한 아픔을 가지고 있었어요. 부모님이 피해자 편을 드는 게 아니라, 함구할 것을 요구한다는 것이죠. 부모님은 아들도 딸도 내 자식이니 누구의 편도 들지 못하겠다며 '너만 참으면 된다, 제발 잊어 달라'는 요구를 하는 분들이 많았습니다. 이건 2차 가해예요. 부모님으로부터 당한 2차 가해가 더 아프다는 분들도 많았습니다. 부모님께 요구하세요.

"나는 과거의 기억 때문에 오빠를 보기가 고통스럽다. 그러니 집에서 만나지 않도록 해달라. 지금이라도 나를 보호해달라."

오빠에게도 가서 사과를 요구하세요. 오빠가 진심으로 사과하지 않으면 내가 더 괴로울까 봐 걱정된다고요? 이렇게 묻고, 참고 사는 건 사는 게 아닙니다.

"오빠, 과거에 내게 했던 짓 기억하지? 나는 그 후로 모든 시간이 고통이었고 지금도 고통스러워. 진심으로 사죄해. 내가 그만하라고 할 때까지 용서를 빌어. 그리고 내가 용서할 때까지 앞에 나타나지 마. 그게 나의 아픔에 대한 예의야. 언제 용서해줄 거냐고? 그건 내가 정해. 내 마음이 안 괜찮으면 영원히 용서하지 않을 수도 있어. 기적처럼 용서하고 싶은 마음이 생기면 그때 연락할게. 나에게 진심으로 사과해."

이렇게 말해보세요. 그다음에 오빠의 태도를 봅시다. 나는 생존자이고, 이렇게 말할 자격이 충분히 있습니다. 어떤 죄책감도 가지지 마세요. 피해자의 권리를 포기하지 마세요. 피해자는 자신의 잘못이라며 자책하는 경우가 많아요. 당신의 잘못이 아닙니다. 나는 피해자이고 위로받고 지지받아야 할 사람이라는 것을 인지하도록 돕는 상담 치료도 받으면 좋겠습니다.

박상미의 가족 상담소

트라우마에 '완치'는 없습니다. 강렬하고 아픈 기억은 망각하기가 어렵기 때문에 큰 트라우마일수록 완전히 없애는 것이 불가능합니다. 성폭행 트라우마 극복을 위해서는 주변인의 역할이 중요합니다. "네 잘못이 아니다"라고 말해주는 가족이 있어야 하지만, 없는 상황이라면 나라도 자신에게 "살아줘서 고마워. 이제는 나의 회복을 위해서 최선을 다하자"라고 말해주세요.

제발 도와달라고 요청해줘서 고마워요. 당신은 적극적으로 나를 살리려는 의지가 강한 분이네요. 앞으로 나를 잘 지키며 살아갈 수 있으리라 믿어요!

 아들의 자살이 제 탓인 것 같아 괴로워요

저는 두 달 전에 사랑하는 아들을 잃었습니다. 아들이 목을 매고 자살했습니다. 아들이 자살하기 3일 전쯤, 저는 아들을 포함한 다섯 명의 아이들이 반 친구를 왕따시켜서 학교 폭력 위원회가 열린다는 통보를 받고 너무나 큰 충격에 빠졌습니다. 같은 학교 학부모들이 제게 소식을 알려줬을 때, 화도 나고 너무나 창피하고 속상했습니다. 그래서 아들에게 온갖 화풀이를 다 한 것 같습니다. 참고로 저희 아들은 원래 공부를 잘하는 소문난 모범생이었는데, 중3이 되면서 조금씩 변하는 바람에 담임선생님도 걱정을 하셨어요.

그날 저녁, 저는 아들에게 '왜 남에게 큰 상처를 주느냐, 생활기록부에 기록되면 평생 낙인이 찍힌다'며 협박하듯 겁을 줬습니다. 아들과 저는 서로 너무 사랑해서, 제가 힘들어하는 모습을 보며 아들도 괴로워했습니다. 저의 괴로움을 아들한테 다 쏟아낸 것 같아요. 제가 괴로워하는 모습을 보여줘야 아들이 반성할 줄 알았어요.

그날은 남편이 '학원도 가지 말고 반성문 100장 써놓으라'고 윽박을 질렀습니다. 저희 부부가 가게 일을 끝내고 밤늦게 귀가를 했는데, 아들은 반성문에 '제가 잘못했으니 죽음으로 잘못을 빌겠습니다'라고 써놓은 채 목을 맨 상태였고……. 이후 저희 부부는 저희 때문에 아들을 잃었다는 죄책감이 들어 너무 힘이 듭니다. 아들이 살아 있었어도 전 여전히 아들을 괴롭혔을 것 같다는 생각이 듭니다.

제게는 중2 딸도 있습니다. 딸에겐 오빠가 심장마비로 떠났다고 했어요. 오빠와 너무나 가까웠던 아이인데……. 앞으로 딸은 어떻게 키워야 할까요? 삶이 너무 두렵습니다.

••• 　답장을 쓰려고 앉아서 저도 한참을 울었습니다. 얼마나 마음이 아프세요? 어머니도, 아버지도 숨을 쉬기도 힘들 만큼 가슴이 아프실 테지요. 그 아픔을 감히 이해한다고 말할 수조차 없을 것 같아요. 죄책감 때문에 더 고통스러운 시간을 보내고 계실 것 같습니다. 그래요, 그런 마음이 들겠지요. 하지만 중2 딸을 잘 보살펴야 할 때이고, 그러기 위해서는 두 분이 자신의 몸과 마음

박상미의 가족 상담소

을 보살펴야 합니다.

중2 딸은 오빠의 죽음을 어떻게 받아들이고 있는지 걱정이 됩니다. 딸과 이 일에 대해 대화를 해보셨는지요? 조심스럽지만 대화를 시도해보셨으면 좋겠습니다. 오빠와 가까웠다고 하니 이 아이의 심리적 내상도 너무나 클 거예요. 딸 또한 두려워서 이 일에 대해 말을 꺼내지 못하고 있을 수도 있어요. 부모님께서도 말을 꺼내기가 너무 두렵다면, 상담가의 도움을 받는 것도 좋을 것 같습니다.

많은 부모들이 아이들에게 같은 실수를 해요. 잘 키우려고, 잘 가르치려고 한 말과 행동인데 부모의 진심이 잘 전달되지 않으면 아이들은 너무나 큰 상처를 입지요. 아이는 너무나 안타깝게도 세상을 떠났지만, 지금이라도 진심을 다해서 아들에게 편지를 쓰십시오. 아들의 영혼이 들을 것입니다. 진심이 전해지면 편히 눈 감을 것입니다.

'아들아, 너무나 모범생이고 착했던 네가 친구에게 큰 고통을 줬다고 하니 엄마, 아빠는 너무 놀랐다. 우리가 너를 잘못 키워서 일어난 일인 것 같아 너무나 힘들었다. 너를 야단치고 협박한 우리의 행동을 돌이켜보니, 너무나 어리석은 부모였다. 네가 얼마나 고통스러울지 생각하지 못했구나. 부모인 우리가 진심으로 함께 반성하고, 다시는 잘못을 거듭하지 않도록 새로운 마음을 다지는 시간을 함께했어야 했는데…… 엄마, 아빠가 정말 미안하다. 너를 몰아붙이고, 협박하는 동안 네가 의지할 사람은 아무도 없었구나. 미안하다. 네가 잘못을 했을 때는 부모가 잘못 키운 탓이 더 큰데, 함께 반성하고 거듭나는 시간을 가질 생각은 안 하고 너에게 화풀이만 했다. 너의 마음은 들어보려고도 하지 않았다. 미안하다……. 너의 아픈 마음, 이해받지 못한 마음이 그곳에서는 치유되길 엄마, 아빠가 기도할게. 진심으로 사랑한다.'

아들에게 못 전한 사랑을, 딸에게는 잘 전달하면서 살면 됩니다. 그러면 잘 클 수 있어요. 미리 두려워하지 마시길 바랍니다.

엄마 닮은 아내가 좋을 뿐인데, 제게 마마보이라고 합니다

아내를 처음 만났을 때, 우리 엄마를 참 많이 닮아서 좋더라고요. 그래서 더 적극적으로 연애하고 결혼을 했죠.

그런데 5년이 지난 지금은 진짜 우리 엄마와 같이 사는 기분입니다. 잔소리 또 잔소리……. 농담이 아니라 정말 저를 철없는 아들 대하듯 하는 아내 때문에 스트레스를 받기도 합니다. 그러지 말라고 말하면 "당신이 아빠처럼 다정하고 든든한 사람이 되어서 나를 딸처럼 대해봐. 그럼 나도 다정한 엄마가 되어줄게"라고 하는 거예요. 그리고 제가 엄마와 친하게 지내고 자주 전화하는 걸 정말 싫어합니다. 마마보이라고 비꼴 때마다 기분이 나빠요. 어릴 때부터 지금까지 엄마와 친하게 지낼 뿐인데요. 내가 원래 엄마 같은 스타일을 좋아한다, 당신도 엄마와 비슷한 스타일이어서 내가 결혼한 거라고 말했더니 '너네 엄마랑 영원히 살지 나랑 결혼은 왜 했느냐'며 더 화를 내더라고요.

● ● ●   과학, 심리학 분야에서 이 주제로 연구를 많이 했어요. 어린 시절부터 어머니와 정서적으로 친밀하고 모성에 대한 긍정적 경험이 많은 아들일수록 엄마를 닮은 여자에게 본능적으로 끌린다는 게 연구 결과입니다. 엄마와 사이가 좋았던 아들이 엄마를 닮은 여자와 만나서 결혼하면 아이도 더 많이 낳고, 이혼율도 반대의 경우보다 3배가량 낮았다는 연구 결과도 있어요. 그런데 여기서 중요한 건 '사이가 좋았던'이에요. 결혼 후에는 밀접한 정서 교류를 하는 관계가 어머니에서 아내로 완전히 옮겨 와야 합니다. 그렇게 못 하면 마마보이라는 소릴 듣게 돼요.

아내가 느끼는 소외감을 이해할 필요가 있어요. 엄마가 베풀었던 모성, 무한한 헌신을 아내에게 바라는 남편 때문에 힘들어하는 아내분들이 많아요. 시어머니들도 은근히 자기가 아들을 키운 방식대로 며느리가 아들을 케어해주길 바라기도 하고요. 반면에 아내를 딸처럼 대해주는 남편은 드물죠. 남편을 '내 큰아들'이라고 말하는 아내들은 많은데, 아내를 '내 큰딸'이라고 말하는 남편을 본 적 있나요? 있다면 정말 그 아내는 정말 행복한 사람이에요. 엄마 같은 아내, 아빠 같은 남편을 바라는 사람들이 많아요. 하지만 대등하게 주고받을 수 없다면 아내가 바라는 남편, 남편이 바라는 아내가 되는 게 가장 이상적인 부부의 모습입니다.

엄마 같은 아내를 만나고 싶다면 그냥 엄마랑 같이 사세요. 아빠 같은 남편을 바란다면 아빠랑 계속 같이 사는 게 옳아요. 있는 그대로의 그 사람이 좋아야지, '누구를 닮아서' 좋다면 그 사람을 온전히 사랑하는 게 아니잖아요.

 시어머니가 두 명이어서 너무 힘들어요

17년 동안 두 명의 시어머니를 모시느라 이젠 지쳤습니다. 더 이상 며느리 노릇 못 하겠어요. 남편의 친모는 남편이 7세였을 때 이혼하셨고, 9세 때부터는 새어머니가 남편을 정성껏 키우셨어요. 남편은 친모도 만나고, 새어머니와도 잘 지내며 자랐고요.

친모인 시어머니의 질투와 고집이 시작된 건 저희가 결혼할 때부터였습니다. 결혼식 때 어머니 자리에 본인이 앉겠다, 명절에도 무조건 나에게 먼저 왔다가 시댁으로 가라, 시이모님들 생신도 챙겨라, 너의 진짜 시댁은 우리 집이다, 10년 후에 나는 너희들과 같이 살 계획이다……. 시도 때도 없이 저희 집에 찾아오셔서 주무시고 가시는 건 물론입니다.

저는 딸이 셋인데, 아이들도 친할머니를 힘들어합니다. 그분은 우리 아이들에게 할아버지와 새할머니 흉을 보면서 계속 이간질을 합니다. 아이들도 저에게 누가 진짜 할머니냐고 물어보고, 할머니가 두 명이어서 너무 힘들다고도 합니다. 아이들은 새할머니를 좋아해요. 시아버지는 제발 친모와 인연을 끊으라고 화내시고, 새어머니는 성격이 온화하셔서 아무 말 않으시지만 마음고생이 많으시고요. 이제는 중간에서 아무 말 못 하고 우왕좌왕하는 남편에게도 화가 나고, 제 딸들에게도 너무 창피해서 이혼하고 싶다는 생각만 듭니다. 이혼해야 끝이 날 것 같아요.

●●● 남편만이 해결할 수 있는 문제입니다. 남편분이 한 어머니와는 정리해야 한다고 생각해요. 딸이 셋이라고 하셨는데, 이런 상황은 아이들 정서와 교육에 매우 위험해요. 시기, 질투, 이간질은 아이들에게도 매우 큰 스트레스가 됩니다. 우리 가정에 할머니가 두 분인 거잖아요. 나중에 아이들의 졸업식 날, 아이들의 결혼식 날 할머니로서 그 자리에 있을 분은 지금 아버님 옆에 계신 새어머니이시거든요. 그런 상황에 친시어머니와 관계가 지속되면 아이들 교육적으로 정상적인 가정에 대한 기준에 혼란이 올 수 있습니다.

생모께서는 너무 이기적이고, 집착과 소유욕이 강하시네요. 자신의 감정과 욕구만 생각하시잖아요. 진심으로 아들을 사랑하고 아들의 행복을 생각하지 않는 분입니다. 냉정해져야 합니다. 가장은 단호하게 내 아내, 내 아이를 지키는 게 우선입니다. 부모라도 거리 두기가 필요합니다. 지금 말은 못 하지만 가장 괴로운 사람은 남편분일 거예요. 친어머니와 연을 끊는 건 어려운 일이죠. 하지만 친어머니로 인해서 내 가족, 그리고 아버지 가족이 모두 고통을 겪고 있다면 나 혼자 할 수 있는 효도만 하고, 다른 가족들을 보호하는 데 마음을 써주세요. 지금은 남편분 혼자서만 친어머니와 왕래하시고, 본인이 할 수 있는 효도를 하시는 게 현명한 선택이라는 생각이 듭니다.

 친자식처럼 대하려는 저를 사위, 며느리가 부담스러워하네요

'아들 같은 사위, 딸 같은 며느리'를 보는 게 꿈이었어요. 남매를 시집, 장가 보낸 지 5년이 지났는데 늘 서운하기만 합니다. 다른 집 사위, 며느리들은 친자식처럼 잘하던데, 우리 사위, 며느리는 제가 아무리 잘해줘도 여전히 불편한 사이예요. 늘 섭섭하고 가끔은 화가 납니다. 저는 정말 친엄마처럼 잘해주려고 노력하는데 부담스럽고 불편하다는 말까지 들어버렸네요. 누가 문제인가요?

••• 　선생님, '아들 같은 사위, 딸 같은 며느리'를 원하는 건 부

모들의 환상이에요. 아들은 아들, 사위는 사위, 딸은 딸, 며느리는 며느리예요. '아들 같은 사위, 딸 같은 며느리'처럼 느껴지려면 세월이 20년은 흘러야, 서로의 노력으로 긴 세월이 쌓여야 가능하죠. 어른들이 먼저 친어머니, 친아버지처럼 대해줘야 서서히 가능해지는 일이에요.

아들 같은 사위, 딸 같은 며느리'는 말 자체에 모순을 내포하고 있어요. '같은'이라는 표현 자체가 희망 사항일 뿐 그럴 수 없음을 뜻하는 거죠. 결혼 초부터 이런 관계가 되자고 부담을 주거나 너무 노력하면 서로 빨리 지치고 빨리 실망해요. 내 아들딸과도 잘 지내는 것은 어려운 일이고, 서로 존중하기가 쉽지 않잖아요. 더군다나 사위, 며느리는 완벽한 타인이에요. 그것도 세대 차이가 많이 나는 어른과 갑자기 진짜 부모 자식처럼 지내는 건 불가능한 일이죠. 내 아들딸에게 받지 못한 존중, 배려, 사랑, 효도를 사위와 며느리에게 받고 싶은 환상이 '딸 같은 며느리, 아들 같은 사위'를 꿈꾸게 만듭니다. 하지만 기대는 실망, 서운함을 낳아요.

며느리, 사위를 딸처럼 아들처럼 대할 게 아니라 손님처럼 대해야 좋은 관계로 더 오래갈 확률이 높습니다. 사위, 며느리는 둘 다 '백년손님', 존중해야 할 대상이라고 생각하세요. 친딸, 친아들에겐 본능적으로 희생하려는 마음, 봉사하겠다는 마음이 강하고, 사위, 며느리에겐 아들딸에게 받고 싶었으나 받지 못한 헌신, 사랑, 존중을 기대하는 게 문제예요. 그래서 며느리, 사위 입장에서는 그것이 부담스럽고, 양가 부모님들 입장에서는 서운함을 느끼기 쉽습니다.

요즘 미혼 여성들은 말합니다.

'우리 엄마 딸 노릇하기도 힘든데, 시어머니 딸 하기는 싫다.'

시어머니들이 원하는 딸은, 친절하고 온순하고 집안일 잘하고 용돈 잘 주고 같이 쇼핑 다니고 친구처럼 다정하되 예의 바르고 무조건 효도하는 딸이죠. '나 이렇게 대접받는다고 자랑할 수 있는 딸'입니다. 하지만 진짜 딸은 엄마한테 이것 해줘, 저것 해줘, 나 이거 먹고 싶어, 나 늦잠 잘래, 투정 부릴 수 있지요. 딸 같은 며느리는 효도만 하고 예의 잘 지키는, 세상에 없는 딸 노릇을 해야 하지만요. 사위, 며느리는 둘 다 '백년손님', 존중해야 할 대상이라고 생각하시는 게 좋아요. 그럼 더 잘할 거예요.

 딸의 결혼 전에 이런 이야기를 해도 될까요?

딸이 대기업 다니는 직장인인데, 3년 사귄 남친을 집에 데려오겠다고 해요. 학벌은 같고, 직장은 제 딸이 훨씬 좋아요. 솔직히 밑지는 결혼 같아서 기쁘진 않지만, 결혼하겠다고 하면 승낙할 겁니다. 그러나 조건이 있어요. 구체적인 조건을 써봤는데, 한번 봐주시겠어요?

'양가 부모님에 대한 부담 없이 두 사람만 행복하면 좋겠다. 사위의 의무 같은 거 생각지 마라. 우리는 사위를 사위로 대할 거다. 아들처럼 하려고 애쓰지 않아도 된다. 우리는 자네를 귀한 손님처럼 대해줄 것이다. 내 딸이 주말에 친정에 오고 싶어 하면 자유롭게 혼자 올 수 있도록 둬라. 자네도 오고 싶으면 같이 오고, 쉬고 싶으면 쉬어라. 명절에도 사위가 오면 반갑게 맞이할 거고, 사정이 있으면 안 와도 전혀 섭섭하게 생각하지 않을 거다. 오고 싶을 때 오고, 가고 싶을 때 가면 된다. 안부 전화도 마찬가지다. 하지만 조건이 있다. 내 딸도 자네 집에 그렇게 할 수 있어야 한다. 딸 같은 며느리 하느라 스트레스 받는 일 없으면 좋겠다. 내 딸이 원해서 시댁에 자주 간다면 괜찮지만, 힘들고 아플 때는 집에서 쉬도록 자네가 부모님과 소통 잘 해주면 좋겠다. 며느리도 백년손님처럼 대해주시면 좋겠다. 자네가 동의한 후에 부모님께도 전달하고 동의받은 후에 결혼하면 좋겠다.'

•••   요즘 이런 조건을 내거는 장인, 장모님들이 많아요. 결혼 전에 약속받고 기대치를 한참 낮추어놓아야 살면서 갈등을 줄일 수 있다는 생각인 거죠. 아예 포기하고 있다가 며느리가 자주 찾아오고 전화라도 하면 훨씬 더 반갑고 고마울 테니까요. 그런데 이런 내용을 접한 예비 시부모, 예비 사위들은 너무 야박하다고 합니다. 이게 한국의 결혼 문화에서 아직도 여성이 희생을 많이 한다는 증거인 거죠.

예비 사위를 불러서 말씀하실 때 좀 부드럽게 말씀하시고, 사위에게도 잘 대해주세요. 그리고 우리 딸이 예의 바르고 어른들께 잘하는 아이여서 큰 실망을 드릴 일은 없을 테지만, 양가 부모님께 너무 잘하려고 애쓰다가 지치지 말고 둘의 결혼 생활을 즐기는 데 더욱 신경 쓰라는 부탁이니 섭섭하게 생각지는 말라는 말도 꼭 해주시고요.

양가의 어른들이 예비 사위, 며느리에게 먼저 이런 제안을 하는 분위기가 점차 퍼져 나간다면 오히려 젊은이들은 좀 더 잘하려고 애쓸 거예요.

 저는 며느리 눈치를 보는데 며느리는 절 불편해해요

저는 며느리 눈치를 정말 많이 봐요. 말조심, 행동 조심, 먼저 전화나 문자도 안 해요. 어쩌다가 먼저 전화, 문자가 오면 반갑게 받아주고, 명절에만 찾아와도 무조건 환대합니다. 그런데도 며느리는 시댁이 불편하다고 하고, 제가 아들을 더 챙긴다고 하니 억울해요.

••• 참 좋은 시어머니시네요. 요즘 시어머니들은 정말 며느리 눈치 많이 봅니다. 말도 조심하시고요. 그래도 며느리들은 다들 섭섭한 게 있더라고요. 어머니들도 어쩔 수 없이 내 자식 더 사랑하는 티를 내시거든요.

며느리한테 "요즘 아비 얼굴이 좀 수척하네" 같은 말을 건네는 것을 예로 들 수 있어요. 아들한테 직접 "얼굴이 수척하다, 잘 챙겨 먹고 건강 관리 좀 해라" 하셔도 며느리는 마치 '내가 잘 못 챙겨준다는 말씀이신가? 나도 피곤하고 힘든데 만날 아들 걱정만 하시네'라고 오해할 수도 있습니다. 물론 어머니 입장에서는 그런 의도가 아니지요. 알아요. 하지만 며느리가 해석할 때는 오해하고 맘 상하기 일쑤예요. 피 안 섞인 타인이니까 서로의 말에 더 예민해지는 거예요. 그렇기 때문에 아들 걱정은 아들에게 직접 하시는 게 좋아요.

 시어머니가 형님, 동서와 저를 차별합니다

차별하는 시어머니 때문에 시댁도 싫고 형님, 동서도 꼴 보기 싫습니다. 형님은 교사고, 동서는 회사 다녀요. 저는 연년생 남매를 낳은 후 5년째 전업 주부입니다. 시댁 모임에 갈 때마다 시어머니는 형님과 동서에게만 "직장 생활이 얼마나 힘드냐, 반찬 마음껏 가져다 먹어라……" 하고 말씀하십니다. 사실 저는 시어머니 반찬이 짜서 탐나지는 않지만, 너무 섭섭하고 기분 나쁩니다. 대놓고 차별하시는 것 같아서요. 애들 학교 입학하면 너도 심심할 텐데 놀지 말고 회사 다니라는 말도 자주 하셔요. 저 심심할 시간 없고, 놀지도 않거든요. 아이들 사교육 안 시키고 제가 다 케어해서 오히려 직장맘들보다 저축도 더 하고요. 제가 늘 웃는 게 버릇이라 웃고 있으니까 아무 말 대잔치를 하시는 것 같아요. 시어머니, 형님, 동서 셋 다 안 보고 싶어지는데 어떻게 하나요?

••• 일하는 며느리와 전업 주부 며느리를 은근히 차별하는 시어머니들이 계셔요. 돈도 벌고, 내조도 잘하고, 아이도 잘 키우며 살림까지 잘하는 며느리를 집안에 들이고 싶다는 예비 시어머니를 만나고 깜짝 놀란 적이 있습니다. 어른들이 요즘 물정을 너무 몰라서 그래요. 일일 8시간, 주 5일 근무 최저 시급이 월 200만 원 정도인 거 아시죠? 다음에 또 그러시면 웃으면서 차분히 말씀드리세요. 전업 주부 며느리는 휴일도, 휴가도 없으니 최소 200만 원 이상 벌고 있는 것이고, 아이들 사교육비 저축하고 있으니 월 최소 300만 원 이상 벌고 있는 셈이라고 또박또박 말씀하세요. 시어머니는 아마 둘째 며느리가 이렇게 알뜰하게 아이들 교육하고 절약하고 저축하는 걸 몰라서 그럴 수도 있어요.

말해야 알아요. 말해도 몰라주면 그때 미워하고 안 봐도 늦지 않아요. 직접 말하기가 어렵다면 남편을 먼저 교육시키고 남편한테 대신 말해달라고 하세요. 남편이 그 정도도 도와주지 않는다면 저한테 교육 좀 받으셔야겠어요. 이 글 꼭 보여주세요.

박상미의 가족 상담소

맞벌이 부부라 육아 때문에 장인, 장모님과 함께 삽니다. 장모님 입장에선 당연히 내 딸이 더 귀하겠지요. 하지만 너무 딸만 챙기시니 저는 늘 왕따당하는 기분이에요. 어쩌다가 말싸움을 조금만 해도 장모님한테 저만 혼나고요, 청소도 저만 시키십니다. 제가 머슴 같다는 생각도 듭니다. 심지어 맛있는 과일이 있을 땐 숨겨놓았다가 딸만 먹이기도 하시고요. 어쩌다 한 번 본가에 갈 때, 장모님께선 저를 불러서 '아내 일 시키지 말고 빨리 돌아오라'고 하셔요. 우리 집을 무시하는 것 같기도 하고, 우리 부모님이 아내를 힘들게 할 사람이라고 생각하시는 것 같아서 기분 나쁩니다. 너무 불공평하지 않나요? 욱하고 화가 치밀기도 합니다. 정말 가출하고 싶어요.

●●● 일하는 딸의 육아를 맡아주는 장모님 목소리가 큰 건 사실이에요. 육아는 정말 힘든 일이니까 목소리 높일 만하지만, 장서 갈등으로 번지는 상황이라면 중재가 필요해요. 최근 사례를 하나 말씀드리면, 코로나 시기에 딸은 매일 출근하고 사위는 3개월 재택근무를 했대요. 사위 세끼 밥 차려주고 온종일 같이 지낸 장모님도 힘드셨고, 장모님 눈치 보느라 사위도 고생했죠. 온종일 장모님 잔소리를 들어야 했고, 저녁이 되면 "우리 딸 힘들게 일하고 왔으니 무조건 잘해줘라, 청소, 장보기도 사위 네가 해라……"

하신 거지요. 사위도 온종일 재택근무를 했는데, 장모님 보시기
엔 편하게 일한다고 생각하신 거 같아요.

이 부부는 이혼 직전까지 갔다가 상담을 통해서 분가를 결정했
어요. 같은 단지 다른 동으로요. 아내와 솔직하게 고민을 나누고,
가까운 거리 내에서 분가할 수 있다면 적극적으로 생각해보세요.

저희 아버지와 아내, 누구의 편을 들어야 하나요?

아내와 저희 아버지는 결혼 3년 차까지 아빠, 딸 하면서 친하게 지냈
습니다. 그런데 아버지 칠순 생신 때 아내가 섭섭하게 했다는 이유로
사이가 너무 나빠졌습니다. 결혼 15년이 지나고 나니, 잘 참던 아내가
이제 안 참고 자주 부딪힙니다. 이럴 때, 누구 편을 들어야 할까요?

••• 　내 부모님과 배우자 사이에 갈등이 생기면 그 자리에서
는 누구의 편도 들지 마세요. 그게 현명한 대처법이에요. 평소에
부모님께 이렇게 말해놓으세요.

"내 배우자와 부모님 사이에 갈등이 생기면 저는 그 자리에서
누구 편도 들지 않을 거예요. 하지만 집에 가면 배우자를 잘 설득
할테니 섭섭한 마음 갖지 마세요. 저를 믿으세요."

배우자에게도 미리 말해놓으세요.

박상미의 가족 상담소

"나는 무조건 당신 편이니까 나 믿어. 당신 없을 때 부모님께 잘 말씀드려서 당신에게 섭섭한 일 생기지 않도록 할게!"

내 부모님과 배우자 사이에 갈등은 생길 수밖에 없어요. 하지만 진짜 약자는 내 배우자예요. 평소에 '내 배우자는 무조건 내 편이다'라는 믿음을 심어주는 건 매우 중요합니다.

 아들 같은 사위, 딸 같은 며느리가 되기 위한 마음가짐이 있다면요?

아들 같은 사위, 딸 같은 며느리가 되기 위해서 지녀야 하는 마음가짐은 무엇이 있을까요?

첫 번째, 처음부터 양가 부모님께 너무 잘하지 마세요. 지치면 오래가기 힘들어요. 부모님의 기대치가 높아지면 갈수록 섭섭하다는 말씀을 많이 하실 거예요.

두 번째, 가끔 만나고 최선을 다하세요. 양보다 질! 의무감에 자주 만나는 것보다, 가끔 만나도 진심을 다하는 게 더 중요합니다.

세 번째, 서운한 건 묵혀두지 말고 말하세요. 서운함이 쌓이면 만나기 부담스러운 관계가 됩니다. 딸 같은 며느리, 아들 같은 사위가 되려면 세월과 믿음과 정이 쌓여야 해요. 서두르지 말고, 천천히 가까워지는 게 진짜 가족이 되는 지름길입니다.

박상미의 가족 상담소

모르면 오해하기 쉽고, 알면 사랑하기 쉽다

ⓒ 박상미, 2022

초판 1쇄 발행일 | 2022년 7월 26일
초판 6쇄 발행일 | 2024년 2월 5일

지은이 | 박상미
펴낸이 | 사태희
편   집 | 최민혜
디자인 | 권수정
마케팅 | 장민영
제   작 | 이승욱 이대성

펴낸곳 | (주)특별한서재
출판등록 | 제2018-000085호
주 소 | 08505 서울특별시 금천구 가산디지털2로 101 한라원앤원타워 B동 1503호
전 화 | 02-3273-7878
팩 스 | 0505-832-0042
e-mail | specialbooks@naver.com
ISBN | 979-11-6703-053-5 (03180)

※본문에서 인용한 <사나이 눈물>은 'KOMCA 승인필' 했습니다.